나는 힘든 감정을
피하지 않기로 했다

Beyond Happiness

by Ezra Bayda

ⓒ2010 by Ezra Bayda

Korean translation copyright ⓒ담앤북스 2017

Published by arrangement with Shambhala Publications, Inc., Boulder Through
Sibylle Books Literary Agency, Seoul

이 책의 한국어판 저작권은 시빌 에이전시를 통해 미국 Shambhala 사와 독점 계약한 담앤
북스에 있습니다.

저작권법에 의해 한국 내에서 보호를 받는 저작물이므로 무단 전재 및 무단 복제를 금합니다.

무심결에 하는 나쁜 생각과 습관에서 벗어나 행복으로 가는 방법

나는 힘든 감정을
피하지 않기로 했다

Beyond Happiness - The Zen Way to True Contentment

에즈라 베이다 지음 | **이창엽** 옮김

담앤북스

이 책은 참행복에 대해 이야기합니다. 그래서 행복이라는 주제에 어울리도록 익살스러운 이야기들을 많이 했습니다. 선 수행과 깨달음이라는 건 칙칙하고 심각하다는 선입견을 덜어 내는 게 좋다고 생각했기 때문입니다. 고단한 삶 속에서 우리의 마음을 밝혀 줄 무언가를 찾는 건 언제나 좋은 일입니다. 실제로 진정 만족하고 홀가분한 마음으로 살려면 반드시 유머 감각을 길러야 합니다. 특히 우리가 자신을 지나치게 심각하게 대하는 일이 너무 많기 때문에 유머 감각은 꼭 필요합니다.

이 책에 나오는 익살스러운 이야기들은 대부분 토마스 캐스카트Thomas Cathcart와 대니얼 켈린Daniel Kelin이 쓴 《플라토와 플라티푸스가 술집에 들어간다》Plato and a Platypus Walk into a Bar에 나오는 이야기를 각색한 것입니다. 기운을 좀 내고 싶은 분들에게 적극 권해 드리고 싶은 책입니다.

이 책을 출간하는 데 지속적으로 지원해 준 샴발라 출판사의 모든 분들께 감사드립니다. 처음에 이 책을 쓰도록 용기를 준 데이브 오닐과 내가 전하려는 내용을 적절히 다듬는 데 친절하고 요령 있는 도움을 준 에덴 쉬타인버그에게 특별한 감사를 드립니다.

딸 제네사에게도 감사를 보냅니다. 제네사는 미세한 뉘앙스도 놓치지 않고 나의 책 다섯 권 모두를 편집했습니다. 마지막으로 아내이자 동료 스승인 엘리자베스에게 끊임없는 감사를 보냅니다. 엘리자베스는 예리한 통찰력을 가진 편집자로서 언제나 변함없이 나를 지지해 주었고, 한결같은 쾌활함으로 늘 힘이 되어 주었습니다.

지난 몇 년간 행복에 대한 책과 논문이 많이 출간되었습니다. 그것은 대개 걱정과 우울한 기분을 금세 없앨 수 있고 유쾌한 태도로 바꿀 수 있다고 장담합니다. 하지만 이렇게 행복에 대한 주장이 '쏟아져' 나오고 있는데도 우리의 걱정과 불안은 오히려 늘어났다는 걸 누구나 잘 압니다. 행복이 타고난 권리라고 믿는 특권 의식과 무엇이든 금방 고칠 수 있다는 서양 특유의 신념 탓에 오히려 사람들은 더 큰 단절감을 느끼는 것 같습니다.

달라이 라마는 인생의 목적이 행복이라고 했습니다. 아리스토텔레스, 성 아우구스티누스, 파스칼 같은 철학자들도 그렇게 말했습니다. 인생의 목적은 행복인가? 이것은 확실히 우리 자신에게 물어야 하는 좋은 질문입니다. 하지만 그보다 먼저 물어야 할 것이 있습니다. 우리는 행복이 무엇이라고 생각하는가?

얼마 전 갓 들어온 제자가 자신의 선 수행에 대해 말하려고 찾아 왔습니다. 그는 깨달음이나 깊은 영성에는 관심이 없고 단지 행복해지기를 원할 뿐이라고 말했습니다. 그는 내가 오랜 세월 동안 명상하고 선을 지도했는데, 정말 행복한지 물었습니다. 나는 참으로 행복하다고 대답했습니다. 하지만 내가 행복하다고 말한 의미는 아마도 그가 이해한 행복의 의미와 꽤 달랐을 겁니다. 내가 알게 된 행복은 내가 과거에 알았던 행복과도 확실히 달랐으니까요.

많은 사람들이 젊을 때는 즐거움이나 감각의 쾌락이 바로 행복이라고 생각합니다. 그리고 나이가 들면 그보다는 안정감과 통제력을 행복으로 여기게 됩니다. 돈이나 건강 같은 것을 소유하려는 겁니다. 또 뭔가 성취하는 것을 행복이라고 여기는 사람도 있고, 특별한 인간관계에서 느끼는 유대감을 행복이라고 생각하기도 합니다. 여기서 중요한 점은 이런 다양한 모습과 깊이의 행복이 모두 어느 정도 외부 환경에 의존한다는 것입니다. 하지만 실제로 외부 환경이 행복에서 차지하는 비중은 우리가 믿는 것보다 더 작을 것입니다.

흥미롭게도 최근 연구에서 그 사실이 증명되었는데, 얼마나 행복한지 결정하는 데 외부 환경이 미치는 영향은 사람들이 보통 생각하는 것보다 훨씬 적었습니다. 그 대신 태어날 때부터 각 사람마다 다르게 정해진 행복 '기준점'을 가지고 있는 것 같습니다. 즉 각 사람마다 행복을 느끼는 정도가 정해져 있어서, 외부 환경이 어떻든 이미 정해져 있는 자신의 행복 기준점으로 되돌아갑니다. 우리가 어머니의 배 속에서 나올 때부터 이미 어느 만큼 행복을 느낄지 결정되어 있다고 말할 수 있습니다.

높은 행복 기준점을 가지고 태어난 사람은 선천적으로 명랑하고 낙천적이어서, 심하게 아프거나 심지어 온몸이 마비되어 움직이지 못해도 적응기를 보내고 나면 병들고 장애가 생기기 전만큼 행복해집니다. 이와 반대로 태어날 때부터 행복 기준점이 낮은 사람은 물이 반쯤 들어 있는 컵을 볼 때 반이나 비었다고 생각하는 성향이어서, 설령 예상치 못한 백만 달러를 상속받아도 잠깐 행복할지 모르지만 결국 본래의 불행한 상태로 되돌아갑니다.

행복 기준점의 범위 내에서 외부 조건은 분명히 어느 정도 행복에 영향을 줄 수 있습니다. 하지만 그 범위가 정해져 있으므로 외부 조건을 바꾼다 해도 행복을 느끼는 정도는 크게 변하지 않습니다. 그러므로, 아마 여러분도 이미 알겠지만, 단지 외부 조건만 바꾸어서 행복해지려는 건 별 소용이 없습니다. 게다가 실제로 외부 조건에 따라 약간 더 행복해질 수 있다 해도, 그 외부 조건이라는 건 늘 변하기 마련입니다. 실직할 수도 있고, 금전적 손해를 보기도 하고, 인간관계가 어려워지거나 건강이 나빠지기도 합니다. 결국 행복해지려고 외부 조건에 의존하는 것은 모래 위에 집을 짓는 것과 같습니다. 지금은 이 사실을 받아들이기 어려울지도 모르지만, 많은 좌절을 겪은 후에야 외부 조건에 의지해서는 행복해질 수 없다는 사실을 깨닫게 될 수도 있습니다. 그런데 외부 조건이 행복의 근원이 아니라면, 더 행복해지는 데 도움이 되는 다른 어떤 것이 있을까요?

행복에 대해 이야기를 나누면 돈이 행복을 준다는 환상 같은 진부한 이야기가 넘쳐 납니다. 그러나 돈은 가난에서 벗어날 때는 도움이 되지만, 언제나 행복을 주지는 못한다는 걸 우리는 경험으로 압니다. 경제적으로 안정되면 행복해진다고 생각하지만, 대개 더 부유해지고 싶은 욕심에 사로잡힙니다. 또는 돈을 잃을까 두려워하거나 동료만큼 더 부자가 되기를 바랍니다. 그러면 어느새 행복이 달아납니다. 그러므로 돈이 행복을 준다는 신화는 환상일 뿐입니다. 흔히 이렇게 행복을 오해하는 탓에 우리가 끝없는 불만족의 굴레에 갇혀 있다는 걸 알아야 합니다.

약물을 사용하면 행복해질 수 있을까요? 항우울제 같은 약은 분명히 조금 더 행복하게 해 줄 수 있습니다. 적어도 불행하다고 느끼게 하는 불안과 우울을 완화합니다. 그리고 심한 만성 우울증 환자에게는 신경생리 작용을 조절하는 항우울제가 반드시 필요합니다. 당뇨병을 조절하는 데 인슐린을 사용하는 것과 마찬가지입니다. 하지만 약물은 대개 부작용을 일으키고 점점 복용량을 늘려야 하므로 오랜 기간 사용할 수 없습니다. 게다가 약물은 불행의 뿌리가 되는 근본 원인에는 효과가 없습니다. 그러므로 약물로 일시적 안정감을 얻을 수는 있지만 근본적으로 행복해질 수는 없습니다.

심리 치료는 어떨까요? 심리 치료는 특히 우리 자신을 파악하는 데 분명히 도움이 됩니다. 하지만 심리 치료가 사람들을 행복하게 해 주는 효과가 매우 제한적이라는 사실은 심리 치료사들도 인정할 것입니다. 아마도 심리 치료의 목표는 그리 높지 않은데, 사람들이 삶에 적응한다고 느낄 수 있게 돕고 최소한 덜 불행하다고 느끼게 하는 것입니다.

그렇다면 수행은 정말 우리를 행복하게 해 줄까요? 한 연구에서 사람들에게 클래식 음악을 듣게 했습니다. 절반에게는 음악만 들으라고 했고, 나머지 절반에게는 음악을 들을 때 행복하다고 느껴 보라고 지시했습니다. 그 결과가 자못 흥미롭습니다. 단지 음악만 들은 사람들에 견주어, 음악을 들으며 동시에 행복을 느끼려고 애쓴 사람들이 훨씬 덜 행복하다고 대답했습니다. 왜 그랬을까요? 그들은 행복을 느끼려는 머릿속 생각에 얽매여 있었지만, 단순히 음악과 함께 존재했던 사람들은 특별한 사람이 되거나 별다르게 느끼려 애쓰지 않았기에 '단지 존재하는' 참행복을 경험할 수 있었던 것입니다.

이에 대한 과학적 연구가 얼마나 많은지 모르지만, 내가 관찰하고 경험한 바로는 충분히 명상하고 더 깨어난 마음으로 살려는 사람들은 대개 점점 더 행복해집니다. 나 자신이 확실히 그것을 직접 경험했습니다. 특히 내가 꽤 낮은 행복 기준점을 가지고 태어났다는 사실을 고려하면 명상이 행복에 도움을 준다는 것은 분명합니다. 지난 몇 년 동안 나는 마음속에 깊은 불안감이 만연했으므로 "인생은 너무 힘들어. 나는 할 수 없어"라고 생각할 수도 있었습니다. 하지만 이제 나는 그런 말을 믿지 않고 나의 존재 속에 계속되는 불안의 동요를 느끼지도 않습니다. 사실 나는 아주 오래 몸이 아프고 몇 주에 걸쳐 이따금 욕지기와 심한 통증을 겪는 동안에도 진정한 만족을 경험할 수 있다는 것을 배웠습니다.

그런데 흥미롭게도 수행의 목표는 행복이 아닙니다. 행복을 목표로 삼으면 대개 행복은 더 멀어집니다. 음악을 들으며 행복을 느끼려고 한 사람들이 오히려 행복하지 못했던 것처럼 말이지요. 행복은 성취하는 감정이라기보다 살아가는 방식에 따른 부산물이라고 할 수 있습니다.

여기서 다시 우리는 '행복이 실제로 무엇이라고 생각하는가?'라는 질문으로 돌아옵니다. 사전에서 행복이란 '기쁨과 만족의 상태, 인생이 괜찮다는 감정'이라고 합니다. 행복해지려면 거의 예외 없이 즐거움 같은 감정을 누리고, 재정적 안정과 건강과 원만한 인간관계처럼 원하는 것을 얻어야 한다는 것입니다. 그런데 우리가 매일 경험하는 이런 개인적 행복은 우리가 마음대로 할 수 없는 두 가지에 부분적으로 의존하고 있습니다. 첫째는 태어날 때부터 정해진 행복 기준점 혹은 행복을 느끼는 유전적 기질이고, 둘째는 끊임없이 변하고 오르내림이 있는 삶의 외부 환경입니다. 일반적으로 말하는 행복은 대개 이와 같은 일상적인 개인적 행복을 의미합니다.

하지만 개인적 행복 너머에 다른 행복이 있습니다. 그것은 사람마다 다른 행복 기준점이나 덧없는 외부 조건에 의존하지 않는 행복입니다. 그것은 보다 깊고 참된 만족을 경험하는 것입니다. 지금 있는 그대로 삶을 근본적으로 긍정하고, 자신이 바라는 인생이 되어야 한다고 집착하지 않는 것입니다. 이런 평정심의 깊은 행복은 자기중심적 생각과 감정이 방해하지 않는 자연스러운 존재 상태입니다. 그런 의미에서, 외부 원인으로는 그 행복을 일으킬 수 없지만, 그것이 자연스레 일어나지 못하게 가로막는 장애물을 해결하면 그 행복을 개발할 수 있습니다. 우리는 특권 의식, 과거에 얽매이거나 미래를 걱정하기, 단절감, 골수에 박힌 습성과 집착 탓에 자연스러운 행복을 좌절시킵니다. 이 사실을 알게 되고, 또 자기 자신을 앎으로써 참된 만족 상태를 개발하는 데 무엇이 필요한지 배울 수 있습니다.

행복에 대한 우리의 생각은 외부 조건에 의존하는 일상의 덧없는 행복과, 우리 자신과 인생을 지금과 다르게 만들고자 애쓰기를 중단할 때 오는 보다 깊은 행복 사이를 자주 왔다 갔다 합니다. 그래서 행복에 대한 전반적인 생각이 모호해지는 일이 많습니다. 따라서 둘 중 어떤 행복을 가리키는지 명확히 해야 합니다. 두 가지 행복은 전혀 다르기 때문입니다. 하지만 덧없는 행복의 즐거움은 분명히 더 깊고 지속적인 행복에 포함될 수 있습니다.

모든 종교와 영성에 깊이 흐르는 근본 가르침은 우리가 본래 타고난 행복을 경험할 수 있으며, 그것은 우리의 내면에서 비롯된다는 것입니다. 참행복은 외부 조건에 의존하여 생길 수 없고, 순전히 즐거운 기분에 따라 일어날 수도 없습니다. 많은 일들이 우리를 기분 좋게 하는데, 대개 그것이 곧 행복이라고 생각합니다. 하지만 그것은 개인적 행복일 뿐이고, 일반적 의미로 기분이 좋든 나쁘든 상관이 없는 보다 깊은 의미의 평안이 아닙니다.

나는 콩가 드럼을 연주하고, 농구를 하고, 바다에서 부기보드로 파도타기를 할 때 개인적으로 행복합니다. 이따금 바다에서 파도타기를 할 때 나는 분명히 유쾌하고, 그건 잘못된 게 아닙니다. 이런 행복이 진짜라는 것은 부정할 수 없습니다. 그와 마찬가지로, 이따금 나는 드럼을 연주할 때 전혀 '내가' 한다는 의식 없이 연주에 완전히 몰입해서 이른바 존zone 상태에 들어갑니다. 그런 몰입 상태는 아주 기분 좋고, 그때 매우 행복하다고 느낄 수 있습니다. 그런데 결국 그 행복은 지나갑니다. 내가 말하려는 요점은, 이런 몰입 상태는 우리가 도달할 수 있는 보다 깊은 행복감과 같지 않다는 것입니다.

그러므로 존 상태, 즉 몰입 상태는 매우 기분 좋을 수 있지만, 행복을 느끼려고 몰입 상태에 들어가려는 것은 참만족에 이르는 길에서 가로새는 것인 때가 많습니다. 행복하려고 특별한 경험을 찾아다니는 것은 특별한 느낌을 얻으려고 자기중심적으로 애쓰는 데 집착하는 것입니다. 그것은 틀림없이 참행복의 보다 깊은 평정에 이르는 궁극적 원천인 참본성을 실현하려는 열의를 약하게 합니다.

다시 말해, 행복에 이르는 길은 단 한 가지가 아니고, 행복은 어떤 것이라고 정해져 있지도 않습니다. 하지만 우리 모두의 내면에는 진정한 실재에 연결되기를 고대하는 무엇이 있습니다. 한편 우리는 이렇게 저렇게 하면 금방 행복해질 수 있다는 약속이나 그럴싸한 처방에 혹해서 곁길로 새기 쉽지만, 그런 처방은 피상적 해결책일 뿐입니다. 다양하고 복잡한 인간의 감정과 행위를 다루지 않고, 다룰 수도 없습니다.

간단히 말해, 행복은 그것을 목표로 삼는다고 해서 오는 게 아니라 인생의 여정, 특히 지금 이 순간의 삶에 감사할 수 있을 때 옵니다. '파도타기를 즐기는 것'은 어디로 가는 게 아니고, 무얼 얻는 것도 아니고, 어떤 사람이 되는 것도 아닙니다. 그것은 삶이 무엇인지 호기심을 가진다는 의미이고, 설령 어렵고 불쾌하고 원치 않는 면이 있어도 삶에 감사할 수 있다는 의미입니다. 이런 의미에서 참행복이란 영화에 나오는 배우들처럼 즐겁고 쾌활한 것이 아니라 현존하기, 깨어 있기, 열려 있기라고 말할 수 있습니다.

참행복은 단지 유쾌한 게 아닙니다. 감각적 즐거움이 몰려오는 것이나 항상 쾌활한 상태가 아닙니다. 이런 것도 포함될 수 있지만, 진정한 의미에서 참행복이란 '기분 좋다' 혹은 '행복하다'고 생각하는 것은 물론 고통스러운 측면까지 기꺼이 인정하는 것으로 귀결됩니다. 사실 참행복에 없어서는 안 되는 부분은 보통 행복과 상관없다고 여기는 느낌과 경험에 기꺼이 자신을 여는 것입니다. 예컨대 슬픔은 인간의 근본적인 경험으로서 부정할 수 없습니다. 섣불리 슬픔을 벗어나려는 건 우리를 슬픔에 내맡길 기회를 빼앗는 것입니다. 슬픔 속에서도 참평정을 경험하기를 배울 수 있기 때문입니다.

세계 곳곳에서 사람들이 끊임없이 고통당하고 있는 부정할 수 없는 현실에서, 어떻게 우리가 행복할 수 있는지 이해하기 어려울 수도 있습니다. 온 마음을 열어 실제 일어나는 일을 본다면, 우리가 지구를 훼손하고, 하루에 2만 4천 명씩 굶주림으로 죽어 가며, 그중 3/4은 다섯 살 미만의 어린이들이라는 사실을 알 때 어떻게 행동해야 합니까? 이런 참혹한 현실의 다른 편에서 내가 행복하게 살고 마음껏 노래하는 흉내지빠귀 새의 아름다움과 장엄한 바다의 경이를 감상하는 일을 어떻게 조화시킬 수 있을까요?

이것이 가장 곤란한 인간적 딜레마입니다. 즉 황량함과 경이가 모두 담긴 역설 안에 머무는 것입니다. 이렇게 균형을 이루는 게 때로는 매우 어렵지만, 사실 우리는 그렇게 살 수 있습니다. 그뿐 아니라 삶의 고통을 직면할 수 있을 때 개발되는 자비와 자애심은 훨씬 더 큰 평정심을 낳을 수 있습니다.

달라이 라마는 분명히 여기에 동의할 것입니다. 그분도 우리가 자기중심적으로 애쓸 때가 아니라 자비와 자애심을 개발할 때 가장 큰 행복이 온다고 말하기 때문입니다. 여러 연구들도 그것이 옳음을 증명합니다. 일반적으로 남에게 베풀고 봉사하는 삶을 사는 사람들이 다른 사람들보다 더 행복하다고 합니다. 또 그런 삶은 올바른 관점과 유머 감각을 개발하는 데 도움이 됩니다. 결국 모든 것은 관점에 따라 상대적입니다. 이 말의 의미를 거북에게 습격당한 달팽이의 이야기가 다시 일깨워 줍니다. 달팽이에게 무슨 일이 일어났는지 묻자, 달팽이는 이렇게 대답했습니다.

"모르겠어. 너무나 순식간에 벌어진 일이라서 말이야."

어떤 이들은 여전히 단 한 번의 깨달음이나 신비 체험 같은 놀라운 일이 일어나면 변치 않는 행복을 얻을 것이라고 기대합니다. 물론 그런 경험을 하면 행복해질 수 있음을 맛보고 관점을 변화시키는 데 도움이 되지만, 그런 일은 우리의 행동을 바꿀 만큼 지속적인 영향을 주지 못합니다. 수천 명의 사람들이 영성 수련회에 참가하고 인기 있는 영적 스승을 찾습니다. 몇 사람은 대단한 통찰을 얻고 깊은 영감을 얻을 수 있지만, 대개 몇 주나 몇 달이 지나면 당시의 통찰이나 영감이 거의 남아 있지 않습니다. 그 이유는 분명합니다. 몸에 깊이 각인된 습성을 다루지 않고서는 마음을 변화시킬 수 없기 때문입니다.

도덕 교육이 행복을 주지 못하는 이유도 마찬가지입니다. 분노나 부적절한 욕망을 삼가는 것처럼 무엇이 '옳은' 행위인지 확실히 알 수 있어도, 깊은 습성에 오래 물든 감정을 가진 우리 몸은 다른 관점을 가지고 있습니다. 그리고 몸의 관점은 정신과 도덕의 명령보다 더 저항하기 어렵습니다.

그러므로 참행복에 이르려면, 좋아하지 않는 행위를 없애려 애쓰기보다 행복을 가로막는 걸로 보이는 것에 진심으로 주의를 기울여야 합니다. 특히 우리가 가장 회피하고, 거부하고, 바꾸려 하고, 없애 버리려는 경향이 있는 것을 열린 가슴으로 대해야 합니다. 따라서 행복하지 못할 때는 행복해지려는 목표에 매달리지 말고, 마주치는 모든 일을 기회로 여겨야 합니다. 행복을 방해하는 것을 다루고 거기서 자유로워질 수 있는 계기로 삼는 것입니다.

사실 언제든 진정한 만족의 참행복을 개발하는 바른 길로 이끄는 세 가지 질문을 자신에게 던질 수 있습니다. 첫째, 바로 지금 나는 참으로 행복한가? 둘째, 지금 여기서 행복하지 않다면, 무엇이 행복을 가로막는가? 셋째, 지금 있는 그대로에 내맡길 수 있는가? 잠시 후에 이 세 가지 질문에 의해 얼마나 효과적으로 행복의 근원을 개발할 수 있는지 탐구하겠습니다. 제대로 이용하면, 세 가지 질문만으로도 어째서 참행복은 늘 우리를 피해 가는지 그 수수께끼를 푸는 데 상당한 도움이 될 수 있습니다. 또한 행복해지려 애쓰는 게 아니라, 감사와 용서의 본질이 담긴, 가슴에서 우러나온 관대함을 개발하여 행복의 근원을 비옥하게 하는 길을 탐구할 것입니다.

행복을 얻는 손쉬운 방법이 있다는 생각은 어불성설입니다. 만일 그렇다면 여러 사람이 그것을 이미 발견했을 것입니다. 우디 앨런은 "차이나타운에서도 길을 못 찾아 헤매면서 우주를 '알기' 원하는 사람을 보면 어안이 벙벙하다"라고 했습니다. 인내심을 가지고 이 책에서 제안하는 대로 꾸준히 해보면 두 가지 핵심을 배울 수 있습니다. 첫째, 행복을 가로막는 걸 알고 다루는 법. 둘째, 행복의 뿌리에 직접 물 주기. 그것은 삶에 진정으로 현존할 수 있는 능력을 기르기부터 시작해서, 마침내 깨달은 가슴에서 우러나온 관대함으로 실제 살아가기를 배우는 것까지 포함합니다.

차 례

3부

행복을 개발하기: 가슴에서 우러난 베풀기

1부

행복을 가로막는 건
무엇인가?

1장
특권 의식

참행복으로 살기를 배우려면 먼저 행복을 가로막는 게 무엇인지 알아야 합니다. 행복을 막는 주요 장애물 중 하나는 뿌리 깊은 특권 의식입니다. 사실 우리가 행복해야만 한다고 철석같이 믿는 것이 바로 행복에 큰 '장애'가 됩니다. 우리는 기분 좋은 것을 제외하면 행복이 무엇인지 명확히 알지 못하면서도, 행복이 우리의 권리이므로 당연히 행복해야 한다고 생각합니다.

특권 의식은 여러 가지 모습으로 나타납니다. 이를테면 우리는 건강할 권리가 있다고 생각해서 젊고 멋진 몸매를 유지할 수 있고, 또 유지해야만 한다고 생각합니다. 그래서 삶이 질병이나 손상을 주는 식으로 우리를 맞이하면 쉽게 좌절해서 망연자실하거나 심지어 절망에 빠질 수 있습니다. 때로는 감기에만 걸려도 주체하지 못하고 무력감에 빠지는 걸 걱정합니다. 이렇게 근본적으로 삶이 우리가 바라고 기대하는 대로 이루어져야만 한다고 여기는 특권 의식을 가지면, 심지어는 결코 몸과 마음의 불편함을 느끼면 안 된다고 믿습니다. 그래서 불편함을 느끼면 뭔가 잘못되었다고 여깁니다. 화가 나고, 불공평하다고 느끼고, 풀이 죽기도 합니다.

특권 의식을 가지면 틀림없이 자신이 부당한 희생자라고 믿게 됩니다. 행복처럼 정당하게 자신의 것이라고 믿어 의심치 않는 것을 가지지 못할 때, 낙담해서 감정의 불화를 겪습니다. 또 무시당하고 부당한 대우를 받았다는 부정적 감정을 키우면서 실제로 더 불행해집니다. 그래도 우리는 행복해야만 한다는 특권이 있다는 신념을 버리기는 어렵습니다. 온갖 좋은 것을 가질 자격이 있다는 신념이 머릿속 깊이 새겨져 있기 때문입니다. 그런데 안타깝게도 행복하기를 원하는 탓에 행복할 수 없는 것입니다. 또 일부러 웃는 것처럼, 의도적으로 행복한 듯이 행동한다 해도 행복해질 수 없습니다. 그건 아주 피상적인 행복일 뿐입니다.

행복하기를 바란다면, 우리가 행복해지기를 원한다는 걸 인정해야 하고, 동시에 우리가 대체로 행복하지 않다는 것도 인정해야만 합니다. 실제로 성취, 존경, 애정, 섹스, 돈, 칭찬 등 행복하게 해 준다고 믿는 모든 것들은 단지 덧없는 행복을 줄 뿐입니다. 그건 우리가 진정으로 원하는 깊고 지속적인 행복이 아닙니다.

~이기만 하면

특권 의식과 더불어, 우리는 어떤 것을 소유하면 행복해질 수 있다고 믿습니다. "더 좋은 배우자를 만나기만 하면 행복할 거야", "더 좋은 직업을 가지고 돈이 더 많으면 걱정이 없을 텐데", "몸매가 더 멋있으면 만족스러울 텐데". 이런 모든 "~이기만 하면"이라는 생각의 바탕에는 삶에서 지금 이 순간의 상황과 실제로 함께하기를 꺼리는 마음이 있습니다. 그 대신 엔돌핀을 분비하게 하는 멋진 미래의 환상 속에 살고 싶어하는 겁니다. 어떤 면에서 이런 태도는 이해할 만합니다. 지금 있는 그대로와 함께하는 대신 현실보다 더 멋진 실재를 기대하는 마음에 매달리는 것이 분명 더 편하기 때문입니다. 그렇게 하면 우리는 어떻게 될까요? 결국 현실에 발을 딛지 못하고 만족스럽지도 못한 삶을 살게 됩니다.

기억하십시오. 참행복에 이르는 길을 가려면 먼저 무엇이 행복을 가로막는지 인식해야 합니다. 우리가 "~이기만 하면"

이라고 아쉬워하며 지금 있는 그대로와는 다른 삶을 기대하는 미세한 욕구를 가지고 있음을 명확히 알아야 합니다. 자신이 "~이기만 하면"이라는 태도로 삶을 대한다는 사실을 깨닫는 것이 특권 의식을 줄이는 첫 단계입니다. 그러면 우리 앞에 놓인 실재를 직면할 수 있습니다. 우리는 눈앞의 실재를 마주하기 싫을 수 있고, 그 실재가 마음에 들지 않을 수도 있지만 있는 그대로의 실재와 온전히 함께하는 것은 상상도 하지 못했던 참행복의 실재로 통하는 문을 열어 줄 수 있습니다. 하지만 먼저 우리가 특권 의식에 매달리고 삶에 요구하며 얽매여 있는 곳을 객관적으로 보고 인식해야만 합니다.

또 수행을 할 때도 "~이기만 하면"이라는 생각을 하는 일이 아주 흔합니다. "깨달음을 맛보기만 하면 행복해지고 평화로워질 수 있을 거야" 또는 "명상 수행을 계속하기만 하면 정말 더 깊은 단계에 이를 수 있을 텐데"라고 기대하는 겁니다. 또 명상을 하면 기분이 좋아질 것이라고 여기는 사람들이 얼마나 많습니까? 그것이 우리의 특권이라면, 만에 하나 명상을 해도 기분이 좋아지지 않을 때는 어떻게 될까요? 실망에 빠지거나 자책하게 되지 않을까요? 아니면 수행 자체에 문제가 있다고 믿을 것입니다.

이때 충분히 오래, 충분히 열심히 수행하면 괴로움이 모두 없어질 것이라고 믿는 것입니다. 하지만 수년 동안 신실한 노력으로 수행을 한 후에도 확실히 불편한 마음이 남아 있을 것입니다. 그리고 바로 이런 태도가 나쁜 것은 모두 사라져야만 한다는 특권 의식에 얽매여 있는 것입니다. 수행하면 모든 괴로움이 없어질 것이라는 깊은 신념은 여러 가지 형태로 나타납니다. 그것은 위안과 평온을 원하고 두려움에서 해방되기 원하는 것 또는 깨달음에 대한 모호한 개념입니다. 이런 갈망이 동기가 되어 수년 동안 수행합니다. 모든 사람은 존재의 불안한 떨림에서 해방되기를 마음속 깊이 원하기 때문입니다. 하지만 역설적으로 수행이 무엇이 아닌지 알 수 있을 때에만 실제로 수행이 무엇인지 알 수 있습니다. 그리고 운이 좋으면 특권 의식이 환상임을 간파하기 시작합니다.

우리의 환상

이런 특권 의식의 근원은 무엇입니까? 특권 의식은 에고에서 비롯됩니다. 에고는 세상을 통제하려 애쓰고 자기 방식대로 삶을 이끌려고 몸부림치는 오그라진 마음입니다. 우리는 에고가 가장 잘하는 것, "이걸 하면 기분이 더 좋아질 거야"라고 조용히 끊임없이 반복해서 말하는 걸 압니다. 각 사람마다 독특한 에고의 목소리를 알아차리는 것이 깨닫는 과정의 일부입니다. 다시 말하지만, 특권 의식의 본질은 자신과 삶을 원하는 대로 만들 수 있다고 믿는 것입니다. 하지만 특권 의식은 실망을 초래할 뿐입니다. 왜 그런가요? 우리가 무엇을 해도 삶에 전혀 문제가 없을 수는 없기 때문입니다.

특권 의식을 가지고 있을 때, 자신과 자신이 기대하는 삶의 모습에 대한 환상 속에서 살아갑니다. 영성 수행에 대한 책을 읽고 토론하기를 즐길 수 있습니다. 또 선한 삶을 살고 남을 돕기를 원하며 자신이 이타적이라고 여길 수 있습니다. 하지만 때때로 우리는 매우 능숙하게 자신을 속입니다. 자신이 남의 행복을 염려한다고 생각하기 원하는 가운데 자기중심성을 완전히 무시할지도 모릅니다. 그런데 조만간, 단지 책을 읽고 토론하는 걸 넘어서 진정한 노력을 해야 할 때가 옵니다. 그때 우리가 수행의 대가를 지불하기를 꺼리는 모습을 볼지도 모릅니다.

한 남성이 자신은 인간성을 향상시키기 원한다고 생각했습니다. 그는 신문을 읽고 뉴스를 볼 때 세상의 고통 때문에 우울해졌지만, 무슨 일부터 시작해야 할지 알 수 없었습니다. 그렇지만 남에게 봉사하는 것이 자신의 소명이라고 확신했습니다. 어느 날 그가 쇼핑하러 갔는데, 계산대에 부처가 서 있는 걸 보고 깜짝 놀랐습니다. 그가 보기에 틀림없이 부처였지만, 혹시나 해서 그 사람에게 물어봤습니다.

"실례지만, 혹시 부처님이신가요?"

부처가 대답했습니다. "그렇소. 이건 내 가게요. 당신이 원하는 건 뭐든 팔지요. 뭘 원하시오?"

그가 대답했습니다. "모르겠습니다."

그러자 부처가 말했습니다. "부담 없이 가게를 돌아보시오. 당신이 무엇을 원하는지 보고, 목록을 작성해서 내게 알려주시오."

그는 상점의 여러 층을 두루 다니면서 이 예사롭지 않은 곳에서 무얼 파는지 돌아보았습니다. 깨끗한 공기, 전쟁의 종식, 국가 간의 평화로운 협력, 인종 차별과 성차별의 근절, 자애심, 용서 등등. 그는 원하는 것을 잔뜩 적어서, 그 목록을 부처에게 가져다주었습니다. 부처는 그것을 보더니 미소 지었습니다. 그리고 계산대 밑으로 몸을 구부리더니 작은 꾸러미 몇 개를 꺼냈습니다.

"이게 뭐지요?" 그가 물었습니다.

부처가 대답했습니다. "이건 씨앗 봉지들이오."

"하지만 제가 정말 원하는 것은 모두 어디 있습니까?"

부처가 다시 미소 지으며 대답했습니다. "이것은 당신이 요구한 것의 씨앗이오. 당신은 이걸 심으면 됩니다. 그리고 그것이 잘 자라게 양분을 주세요. 그럼 다른 사람들이 그 혜택을 수확합니다."

"아, 그래요? 그렇다면 저는 그냥 가겠습니다." 그는 이렇게 말하고, 아무것도 사지 않은 채 가게를 나섰습니다.

참행복으로 가는 길에서는 우리가 어떤 환상 속에서 살고 있는지 분명히 알아야 합니다. 특히 자신에 대한 환상을 잘 알아야 합니다. 자신에게 정직하다는 건 자신에 대한 환상에 집착하고 있음을 인정하는 것입니다. 삶이 지금 있는 그대로가 아니라 다른 모습이기를 바라는 특권 의식과 마찬가지로, 거짓된 자아상도 실재를 거부합니다. 하지만 우리가 열망하는 더 깊은 실재에 이르려면 반드시 지금 있는 그대로의 실재를 마주하는 단계가 필요합니다. 위 이야기의 남성은 실재를 비추는 거울 속을 똑바로 들여다 볼 기회를 얻었습니다. 그런데 자신이 봉사하는 삶의 값을 지불하기를 주저하는 모습을 분명히 보았을 때, 자신이 어떤 사람이어야만 한다는 거짓 이상에 더는 집착하려 하지 않았습니다. 우리 안에 깊이 새겨진 신념, 그중에서도 특히 특권 의식과 환상을 정직하게 바라볼 때, 보다 참된 삶과 점점 더 행복해지는 삶에 이를 기회가 생깁니다.

삶에 대한 신념과 환상은 수도 많고 종류도 다양합니다.

가장 흔한 것은 다음과 같습니다.

"삶은 공정해야 해." 거의 모든 사람이 근본적으로 이런 신념을 가지고 있습니다.

"사람들은 합리적이어야만 해." 이와 반대로 사람들이 대체로 합리적이지 않다는 사실이 분명한데도 여전히 이런 기대에 매달립니다.

"정부와 정치인들은 정직해야만 해." 우리는 이런 말을 믿지 않는다고 생각할지도 모르지만, 정치인들이 부정직한 일을 했을 때 우리가 독선적으로 분개하는 것은 바로 이런 신념에 집착하기 때문입니다.

"영성 지도자는 남에게 해를 끼치면 안 돼." 사실 영성 지도자와 스승들이 범죄를 저지르는 일이 많이 있었지만, 그래도 이런 생각을 거부하기는 어렵습니다. 그들에게 많은 걸 기대하기 때문입니다. 물론 영성 지도자는 신뢰 받을 권한이 있습니다. 하지만 스승이 한 일에 대해 심한 감정 반응을 일으킨다면, 그것은 우리가 인식하든 못하든, 스승은 어떤 존재여야만 한다는 통념에 얽매여 있다는 경고입니다.

우리가 삶에 대해 어떤 신념과 환상을 가지고 있는지 인식하려면, 무기력하다고 느낄 때마다 이렇게 질문해 보십시오.

"나는 이 상황이 어떠해야만 한다고 생각하지?"

이 질문은 곧바로 우리의 특정한 기대와 특권 의식을 드러낼 것입니다.

모든 게 어떠해야만 한다는 신념과 특권 의식을 간파하려는 이유는 냉소적 태도를 가지려는 게 아닙니다. "삶은 냉혹해", "믿을 수 있는 사람이 없어" 이런 냉소적 생각도 단지 치유되지 못한 실망에서 비롯된 신념일 뿐입니다. 우리에게 필요한 건 특권 의식을 가지고 살기를 중단하는 것입니다. 왜냐하면 우리가 집착하는 특권 의식과 삶이 어떠해야만 한다는 머릿속 생각은, 지금 있는 그대로의 실재와 진실로 함께할 수 있는 능력을 가로막기 때문입니다.

아마도 모든 특권 의식과 "~이기만 하면"이라는 생각과 환상의 원인이 되는 가장 근본적인 신념은 삶이 우리를 기쁘게 해 주어야 하며 우리가 편안해야만 한다고 믿는 생각입니다. 삶이 즐겁고 편안하고 안전하기를 바라는 욕구 탓에 삶에 저항하게 됩니다. 만족스럽지 못한 직업, 원만하지 못한 인간관계, 나이 들고 여기저기 아픈 몸 등 삶이 우리가 원하는 대로 되지 않을 때, 그걸 받아들이지 않고 저항합니다. 우리의 저항은 분노, 두려움, 자기연민, 우울 등 여러 가지 모습으로 나타날 수 있는데, 그것은 모두 참만족을 경험할 수 없게 가로막습니다. 우리는 무엇이든 불편하면 문제가 있다고 생각합니다. 그런데 불편하면 행복할 수 없다는 신념이 오히려 불편 자체보다 더 큰 문제가 됩니다. 이와 달리 알아차림을 수행해서 불편하더라도 평정심을 유지할 수 있다는 사실을 직접 깨달을 때, 정말 자유로워질 수 있음을 알게 됩니다.

최근 아내 엘리자베스와 함께 파리를 여행했는데, 나는 첫날부터 감기 기운이 심했고 목이 많이 아팠습니다. 산책하러 나갔을 때 비가 오기 시작했고, 노트르담 대성당에서 좀 쉬려고 앉았을 때는 기분이 그리 좋지 못했습니다. 그야말로 불행한 순간의 모든 요소가 다 갖추어져 있었지요.

그래서 나 자신에게 질문했습니다. 바로 지금 행복을 가로막는 건 무엇인가? 대답은 명확했습니다. 바로 지금 행복을 가로막는 건 미래에 대한 이야기였습니다. 몸이 아프면 파리에서 좋은 추억을 만들지 못할 것이라는 걱정, 나흘 내내 비가 오면 어쩌지 하는 염려 등등.

그런데 미래에 대한 걱정을 그만두고 현재 순간의 실제 물리적 경험에 머무르자, 미래에 일어날지 모르는 비참한 순간이 단지 지금 약간 좋지 않은 몸의 감각을 느끼는 일이 되었습니다. 하지만 그보다 더 중요한 것은, 지금 이 순간 세계에서 가장 아름다운 교회에 엘리자베스와 함께 앉아 있다는 사실을 깨달은 것입니다. 아픈 목을 비롯한 지금 현재의 경험에 내맡기자, 여전히 몸 상태는 좋지 않았지만 깊고 고요한 기쁨을 누릴 수 있었습니다.

당시 내게 필요한 건 두 가지였습니다. 첫째, 삶이 어떤 모습이어야만 한다는 생각에 사로잡혀 있음을 알기. 둘째, 현재 순간의 바로 그 물리적 경험에 내맡길 수 있기. 바로 이것이 몇 번을 거듭 강조해도 지나치지 않은 핵심입니다. 즉 머릿속 생각에서 벗어나 몸의 경험으로 들어가는 것입니다. 알아차림과, 그에 따라 생기는 감사와 행복은 더 깨어 있으려 하지 않으면 좀처럼 일어나지 않습니다.

이렇게 알아차림 할 때, 우리가 어디에 얽매여 있는지 알 수 있고, 또 특권 의식과 잘못된 신념에 집착하는 곳을 알 수 있습니다. 이렇게 무엇이 행복을 가로막는지 아는 것이 참만족을 찾고, 협소하고 덧없는 개인적 행복을 넘어서는 첫 걸음입니다.

2장
머릿속 생각

　　　　　두 친구가 아침식사를 준비하고
있습니다. 한 친구가 토스트에 버터를 바르며 말합니다. "토
스트가 마루에 떨어질 때는 언제나 버터를 바른 면이 바닥에
닿는 거 알아?"

　다른 친구가 대답합니다. "그렇지 않은 것 같은데. 아마 지
저분한 일이 일어난 걸 네가 기억하는 거겠지."

　그러자 첫째 친구가 "좋아. 한번 해 보자. 잘 봐" 하며 토스
트를 떨어뜨립니다. 그런데 버터 바른 쪽이 위쪽으로 바닥에
떨어지자 다른 친구가 "거 봐. 항상 그렇지는 않다고 했잖아"
라고 말합니다.

　하지만 토스트를 떨어뜨린 친구는 이렇게 대꾸합니다. "아

냐. 이건 내가 버터를 잘못 발라서 그런 거야."

이 이야기는 바보같이 들리지만, 과연 우리가 진심으로 믿고 의심하지 않는 진지한 생각보다 더 어리석을까요? 토스트가 반드시 어느 쪽이 위로 떨어진다고 오해하는 것은 아무런 해를 끼치지 않지만, 우리가 집착하는 많은 신념은 우리 자신과 남들을 해칩니다. 사실 참행복에 가장 장애가 되는 건 머릿속 생각에 사로잡히는 것, 과거를 슬퍼하고 미래를 걱정하는 것입니다. 달리 말해, 버터 바른 토스트에 대한 그 친구의 신념처럼, 우리의 신념이 레이더처럼 작용하는 걸 볼 수 있습니다. 즉 우리가 믿고 기대하는 대로 대상을 지각합니다. 판단과 두려움 그리고 가능성을 제한하는 신념의 근거인 머릿속 생각대로 사는 것은 자기중심적인 오그라진 삶을 초래합니다. 그리고 그것은 우리를 불행하게 하는 처방전입니다.

우리가 머릿속 생각에 얽매여 있는 여러 모습을 관찰하는 건 매우 흥미롭습니다. 많은 사람들이 많은 시간을 들여 계획을 세웁니다. 필요한 계획을 세우는 건 잘못이 아니지만, 가만히 살펴보면 정말 필요한지도 모르는 채 그저 계획을 세우는 데 빠져 있습니다. 또 단지 통제력을 유지하고자 계획을 세운다는 사실을 깨닫지 못합니다. 분석하는 것도 유사합니다. 상황에 따른 적절한 반응으로 분석하기도 하지만, 모든 것을 분석해서 파악하려는 이유는 대개 통제하려는 욕구 탓입니다. 심할 때는 사람과 상황을 강박적으로 지나치게 분석하기도 합니다. 계획 세우기와 분석하기가 눈에 띄게 해롭지는 않더라도, 거기에 집착하면 참행복을 경험할 수 없습니다.

그러므로 이따금 자신에게 질문하는 게 유용합니다. "바로 지금 나는 참으로 행복한가?" 흔히 정직한 대답이 "아니, 행복하지 않아"라면, 이어서 다시 물을 수 있습니다. "무엇이 행복을 가로막는가?" 머릿속 생각에 한정된 오그라진 세계에 갇혀 있는 게 어떤지 경험할 때, 계획하기와 분석하기가 참만족을 가로막는다는 사실이 분명해집니다.

공상에 빠지는 것과 마찬가지로 머릿속 생각에 집착하는 다른 방식들도 참만족을 가로막습니다. 우리는 종종 불쾌한 것을 회피하려고 공상에 빠집니다. 상상 속의 대화를 하는 사람들도 있습니다. 그들은 자신을 긍정적 시각으로 보려 하고, 자신의 정당함을 주장합니다. 또 어떤 이들은 두서없는 몽상 속에서 몇 시간씩 보내며 현재를 완전히 잊기도 합니다. 이런 성향도 특별히 해롭지는 않지만, 매우 피상적이고 일시적일 뿐이어서 근본적으로 우리를 행복하게 해 주지 못합니다.

몹시 해로운 다른 생각도 있습니다. 특히 비난하기는 삶을 심하게 망쳐 버립니다. 그리고 비난하는 생각을 말하거나 몸

짓으로 밖으로 표현하면 다른 사람에게도 심한 해를 줍니다. 과거를 슬퍼하고 미래를 걱정하는 것도 해롭습니다. 실재를 음울하고 협소하게 경험하는 데 먹이를 주고 그걸 확고하게 하는 경향이 있기 때문입니다. 모든 사람에게 어느 정도 그런 경향이 있는데, 일부는 거의 강박적일 정도입니다. 예컨대 미래에 대한 걱정을 적절히 조절하지 못하면, 모든 게 암울하고 엉망인 것처럼 보여서 사소한 문제에도 완전히 절망할 수 있습니다. 게다가 그게 정말 현실처럼 여겨져서, 아직 일어나지 않았고 앞으로도 일어나지 않을 일들 때문에 불필요한 고통을 당할 수 있습니다.

첫 번째 화살과 두 번째 화살 인식하기

부처는 화살에 맞으면 아프지만, 같은 곳에 또 화살을 맞으면 훨씬 더 고통스럽다고 했습니다. 그건 당연해 보이지만, 우리의 머릿속 생각이 두 번째 화살처럼 해롭다는 사실을 명확히 나타내는 비유로 받아들이면 그 의미가 더 깊어지고 도움이 됩니다.

예를 들어 두통이 있을 때는 분명히 아프지만, "정말 끔찍하네" 혹은 "왜 내게 이런 일이 일어나지?"라고 생각하면 두 번째 화살에 맞은 것처럼 두통이 더 심해집니다. 우리의 말과 행동을 관찰해 보면 자신을 두 번째 화살로 쏘는 일이 매우 자주 일어나고 있습니다. 그런데 대개 그 사실을 알지 못합니다. 왜냐하면 우리의 생각과 판단을 의심할 여지없는 사실로 여기기 때문입니다. "이건 공정하지 않아"라고 생각할 때, 그것이 사실인지 조금도 의구심을 가지지 않는 일이 얼마나 많은가요. 또는 첫 번째 화살이라 할 수 있는 실수를 저지른 후에, 두 번째 화살처럼 "나는 아무것도 제대로 못해"라고 생각하기도 합니다.

한편 우리의 생각이 첫 번째 화살이 되기도 합니다. 나는 작년에 침습 시술을 받을 예정이었습니다. 나는 전혀 아프지 않았고 불편하지도 않았지만, 병원에서 만일을 대비해 강력히 추천하는 진단 절차였습니다. 시술을 받기 며칠 전 나의 마음은 흔한 의심을 품기 시작했습니다. "이 시술은 하고 싶지 않아!", "많이 아프면 어떡하지?" 이런 생각을 할 때마다 불안이 점점 더 심해지는 걸 느낄 수 있었습니다. 그런데 "바로 지금 행복을 가로막는 건 무엇인가?" 하고 스스로 질문하자, 내가 불필요하게 거듭해서 나 자신에게 화살을 쏘고 있음이 확실했습니다. 잘 알지 못하는 시술이 두려워서 미래에 대한 생각에 더 깊이 빠져 있었던 것입니다. 이어서 내가 좋아하는 만트라를 떠올렸습니다.

"지금 그 일은 아직 일어나지 않았다!"

첫 번째 화살인 내 걱정이 일으킨 것만 아니라면, 현재는 고통도 불편함도 없다는 사실이 명백해졌습니다. 이런 마음의 움직임을 알게 되자 걱정이 깨끗이 사라졌습니다. 하지만 행복을 방해하는 머릿속 생각의 힘을 과소평가해서는 안 됩니다.

머릿속 생각하는 마음은 늘 생각하기 마련입니다. 따라서 우리의 목표는 생각을 멈추는 게 아닙니다. 생각을 바꾸려 해서도 안 됩니다. 태도를 바꾸면 잠시 편해질 수 있지만, 그 변화는 그리 오래 지속될 수 없습니다. 머릿속 생각을 더 좋은 생각으로 바꾸려 하면 결국 더 큰 실망과 고통을 초래하게 될 뿐입니다. 당연히, 태도를 바꾸는 건 기본적으로 정신 영역에 작용합니다. 하지만 우리의 몸속 더 깊은 곳에 각인된 습성도 함께 다루어야만 진정한 변화가 일어날 수 있습니다. 왜냐하면 우리의 생각은 기억, 신념, 두려움이 세포 속에 저장되어 있는 우리의 몸과 불가분하게 연결되어 있기 때문입니다. 정확히 관찰해야만 우리의 생각이 우리의 몸이 느끼는 것과 관련되어 있음을 알 수 있습니다.

이런 질문을 할 수 있습니다. 우리의 생각을 중단하지 않고 변화시키지도 않는다면, 생각이 행복을 가로막지 못하게 우리가 할 수 있는 일은 무엇인가? 대답은 두 가지입니다.

첫째, 스스로를 관찰해서 자신의 생각을 명확히 알아야만 합니다. 이건 분석이 아닙니다! 단지 지켜보는 것입니다. 그리고 되도록 객관적으로 관찰하려면, 떠오르는 생각에 이름 혹은 이름표를 붙이는 게 유용합니다. 이름 붙이기란, 내가 받은 시술의 경우에 "'나는 이걸 하고 싶지 않아'라는 생각을 믿고 있다" 혹은 "'그게 너무 아플 거야'라는 생각을 믿고 있다"라고 말하는 것입니다. 이런 이름 붙이기 과정은 완전히 생각에 매몰되거나 생각을 자신과 동일시하지 않게 해 줍니다. 또 실재와 우리의 신념을 구별하고 분리하게 도와줍니다.

먼저 생각에 명확히 이름 붙인 다음, 두 번째 단계에서는 몸의 특정한 경험을 알아차림 하고, 그것을 실제로 느낄 만큼 충분히 오래 함께 머무르는 것입니다. 이때 역시 아무것도 변화시키거나 제거하려 하지 말고 단지 일어나는 것을 관찰하고 경험합니다. 나는 그 시술을 앞두고 "그걸 하고 싶지 않아"라는 생각과 함께 메스꺼움을 뚜렷이 느꼈습니다. 보통 이런 느낌과 함께 머무르고 싶어 하지 않습니다. 사실 불쾌한 느낌과 함께하기를 좋아하는 사람은 없지요. 하지만 결국 저항하면 할수록 원치 않는 느낌은 더 강해집니다.

첫째, 떠오르는 생각에 이름 붙이기, 둘째, 몸의 느낌과 함께 머무르기 — 이것은 여러분이 직접 시험해 볼 만한 매우 가치 있는 과정입니다. 나는 이 두 가지 과정을 실행해서 꽤 짧은 시간 안에 불안이 사라졌습니다.

그런데 중요한 점은, 불안을 없애려 노력한 덕분이 아니라, 저항하기를 멈추고 신념을 제외하고 마음에서 일어나는 것의 순전히 물리적인 경험에 나를 열었기 때문에 불안이 사라졌음을 인식하는 것입니다. 물론 가장 깊은 습성이 된 신념을 사라지게 하려면 이보다 더 많은 과정이 필요합니다. 하지만 이 두 과정을 하지 않으면 머릿속 생각이 끊임없이 우리의 느낌과 행동을 지배할 것입니다.

판단

머릿속 생각의 다른 측면은 판단하는 경향입니다. 분명히 그것은 가장 해롭습니다. 남을 판단하는 것은 행복해지려는 진실한 소망을 해칩니다. 왜냐하면 남을 판단하면 우리는 자동적으로 그들과 분리되기 때문입니다. 특히 비판적 판단을 할 때 다른 사람과 분리되는데, 그것은 남을 깎아내려 자신을 우위에 놓는 것입니다. 그리고 다른 많은 머릿속 생각과 마찬가지로, 판단이 사실인지 아닌지 질문하는 일이 거의 없습니다. 단순히 우리의 판단이 정말 옳다고 믿을 뿐입니다.

사실 우리는 의심 없이 남을 판단하는 일이 많아서, 우리 자신을 거의 볼 수 없을 지경입니다.

한 남성이 아내에게 매우 비판적이었습니다. 그는 아내가 비판에 민감한 걸 알았으므로 매우 조심했지만, 아내의 잘못이 눈에 띄면 정말 괴로웠습니다! 어느 날 그는 아내가 소리를 잘 듣지 못한다는 것을 알았습니다. 하지만 무슨 말을 해야 할지 몰라서, 의사를 찾아가 어떻게 해야 할지 물었습니다. 의사는 한 가지 시험을 해 보라고 했습니다. 그를 볼 수 없는 곳에서 아내에게 질문을 하는 겁니다. 처음엔 6미터쯤 떨어진 데서, 다음에는 3미터 정도 떨어진 데서, 마지막에는 아주 가까이 가서 말하는 것입니다. 그는 집에 돌아와서, 아내가 씽크대에서 일하고 있을 때 부엌 건너편에서 아내의 등 뒤에 대고 물었습니다.

"오늘 저녁 메뉴는 뭐지?"

그는 아내의 대답을 듣지 못했고, 더 가까운 곳으로 다가가서 다시 물었습니다. "오늘은 저녁에 뭘 먹지?"

그래도 아내의 대답이 없자, 그는 아내가 귀먹었다는 강한 판단을 하기 시작했습니다. 마침내 그는 크게 낙담해서 아내의 바로 뒤까지 가서 다시 물었습니다.

"오늘 저녁이 뭐냐고!"

그러자 아내가 몸을 돌려 대답했습니다. "세 번째 말하는 데, 오늘 저녁은 닭고기란 말이에요!"

남을 판단하는 것은 좋지 않지만, 자기 자신을 판단하는
건 훨씬 더 해롭습니다. 사실 행복에 가장 큰 장애가 되는 것
은 가혹한 자기 판단입니다. 특히 자신이 본래 결점이 있고
부족하다는 부정적 신념은 가장 좋지 않습니다. 모든 사람은
자신이 어떤 사람이어야만 한다는 헛된 자아상의 감옥에 갇
힌 채 살고 있습니다. 그리고 끊임없이 자신이 그 자아상에
미치지 못한다고 판단합니다. 그 결과, 냉혹하게 자신을 꾸짖
습니다. 부정적인 자기 판단은 무가치함, 어리석음, 무능함,
매력 없음 그리고 보다 일반적으로 그냥 모자란다는 느낌 등
다양하게 나타납니다. 때로는 이보다 더 가혹한 자기 판단도
있습니다. 자신이 아무 존재도 없는 사람이나 천민 같다고 느
끼는 것입니다. 이런 자기 판단의 문제는 협소하고 부정확한
머릿속 생각의 한계에 사로잡혀 자신의 판단이 절대 사실이
라고 믿는 것입니다. 그럼으로써 자신에게 두 번째, 세 번째
화살을 거듭 쏘아서 고통이 그칠 새 없이 계속되게 합니다.
그 악순환은 지독하고 가혹합니다.

부정적 자기 판단은 항상 의식 표면에 떠오르는 건 아니
지만, 자주 작동해서 우리가 세상과 관계 맺는 방식에 영향을
줍니다. 어떤 면에서 자기 판단은 컴퓨터의 운영 체제와 유사

합니다. 모니터에 보이는 여러 프로그램의 이면에는 반드시 운영 체제가 계속 작동하고 있습니다. 그리고 자기 판단의 다양한 모습에서 공통된 점은 "나는 나쁜 사람이다"라는 근본적 메시지입니다. 결코 자신에게 이 말을 하지 않을 수도 있고, 그것이 의식 아래 묻혀 있을지도 모릅니다. 하지만 자신을 관찰하면 우리가 살아가는 방식에 "나는 나쁜 사람이다"라는 메시지가 각인되어 있음을 점점 더 명확히 알게 됩니다. 어떤 이는 유능한 사람이 되려고 더 열심히 노력하는 행동으로 이 메시지를 나타냅니다. 다른 사람은 실패하지 않으려고 상황을 피해 숨는 행동으로 이 메시지가 드러납니다. 그리고 많은 사람들은 잘못된 신념에 집착하는 고통에 무감각해지려고 오락에 몰두하는 모습으로 "나는 나쁜 사람이다"라는 메시지가 나타납니다.

자기 판단의 고통을 피하려고 극단적인 일을 하는 사람도 있습니다. 소설 《더 리더-책 읽어 주는 남자》The Reader의 여주인공은 나치 강제수용소의 경비원이었습니다. 그녀는 매우 지적인 사람이지만 읽고 쓸 줄 몰랐습니다. 그런데 그것이 너무 창피해서 아무에게도 알리지 않았습니다. 그녀는 부정적 자기 판단이 너무 강해서, 자신이 문맹이라는 것을 밝히지 않으면 매우 긴 징역형을 선고받을 수밖에 없는 상황에서도 그 사실을 시인하지 않으려 했습니다.

자기 판단은 여러 가지 머릿속 생각 중에서 가장 파악하기 어렵고, 동시에 직면하기 가장 싫어하는 면입니다. 하지만 자신에게 "바로 지금 나는 참으로 행복한가?"라는 질문을 하고, 이어서 "행복을 가로막는 건 무엇인가?"라고 질문하는 습관을 들일 수 있으면, 자신에 대한 부정적 신념 탓에 얼마나 심하게 행복이 방해받는지 알 수 있을 것입니다.

자기 판단을 다룰 때는 다른 신념을 다룰 때와 마찬가지로, 먼저 자기 판단을 객관적으로 관찰하고 명확히 이름 붙이기를 해야만 합니다. "나는 결코 유능하지 못하다는 생각을 믿고 있다" 혹은 "나는 사랑받을 만한 가치가 없다는 생각을 믿고 있다" 등입니다.

이런 식으로 자신의 신념에 이름 붙이기를 수백 번씩 해야 할지도 모르지만, 그렇게 하면 그 신념에 매몰되는 일이 차차 줄어듭니다. 이름 붙이기 과정은 객관성을 가져오고, 동시에 자기 판단의 정반대인 자비심을 불러옵니다. 그래서 객관성이 증가하면 보다 온화한 관대함으로 자기 자신을 보고 관계 맺을 수 있습니다.

생각에 이름 붙이기의 다음 단계는 자신의 신념에 연결된 생각-몸의 수축을 느끼는 것입니다. 신념에 따른 생각을 믿을 때 몸에 무엇이 느껴집니까? 부정적 자기 판단을 할 때, 그 것과 함께 생기는 몸의 특정한 느낌이 있습니까? 면밀히 관찰하면 그런 느낌이 있음을 알 수 있을 것입니다. 그 느낌과 함께 습성 깊은 곳에서 두려움이 일어납니다. 그것은 자신이 가치 없고 부족하다는 두려움이고 기분 좋지 못한 느낌입니다. 우리는 모든 불편을 피하려는 경향이 있으므로 본능적으로 그 느낌을 외면하려 할 것입니다. 하지만 그 불편함과 온전히 현존하면 대개 문제가 되지 않을 정도로 불편이 감소할 것입니다. 여기에서도 우리의 목표는 무엇을 변화시키거나 제거하는 게 아니라, 단지 바로 지금 일어나는 일을 될수록 객관적으로 관찰하고 느끼는 것입니다. '왜'를 묻지 않고 단순히 '무엇'에 주목하는 겁니다. 이렇게 할 수 있으면, 자기 판단이 생기더라도 그것을 사실이라고 믿지 않게 됩니다.

이런 말을 무조건 믿으라는 건 아닙니다. 하지만 지금보다 더 행복한 삶을 살기를 간절히 바란다면, 이대로 해 보고 정말 그런지 스스로 확인할 수 있을 것입니다.

머릿속 생각을 그대로 믿으면 행복을 가로막는 게 확실한데도 왜 더 자주 그것을 알아차림 하지 않는 것일까요? 왜 냐하면 깨어 있지만 잠든 것 같은 몽유 상태, 즉 자신이 무엇을 생각하고 느끼는지 알아차리지 못하는 상태가 모든 인간의 초기 설정이기 때문입니다. 정직하게 자신을 관찰하면 우리가 생각과 느낌 속에서 어쩔 줄 모르고 헤매는 걸 알게 됩니다. 그리고 활동할 때도 대체로 헤맵니다. 사실 짧은 순간을 제외하면 우리가 정말 현존하는 시간은 거의 없습니다. 하지만 알아차림이 없는 상태가 우리의 초기 설정이라고 해서 우리가 영원히 그 상태인 채로 있어야만 하는 건 아닙니다. 지금 있는 그대로의 현실에 머무르려는 마음과 인내심이 있다면 잠든 것처럼 깨어 있는 몽유 상태에서 벗어날 수 있습니다. 그 첫걸음으로 '머릿속 생각을 관찰하기'와 '의식-몸의 물리적 느낌을 경험하기'라는 두 가지 수행을 하면, 보다 깨어 있고 알아차림 하는 삶을 개발할 수 있습니다. 그리고 마침내 보다 만족스럽고 행복한 삶을 살게 됩니다.

하루 중 어느 때든 자신의 생각을 관찰하고 몸을 느낄 수 있습니다. 반드시 명상하거나 혼자 있거나 조용한 곳에 있어야만 하는 건 아닙니다. 직장에서 일할 때, 운전할 때, 식사하는 동안 등 언제든 잠깐 멈출 수 있습니다. 단지 세 번 숨 쉬는 동안 머릿속 생각에 빠지지 말고 그저 현존하십시오.

머릿속 생각에서 벗어나기에 특히 효과적인 시간은 산책할 때입니다. 주변의 소리를 듣거나 땅을 딛는 발의 느낌에 알아차림을 집중하면 생각에 빠지지 않고 쉽게 자신의 마음을 관찰할 수 있습니다. 심부름을 하러 가거나 잠깐 걸어야 할 때도 그렇게 해 보세요. 마음이 여기저기 흩어지지 않고 다른 삶을 살 수 있음을 언뜻 알게 될 것입니다. 나무 곁을 지날 때, 생각의 스크린을 통해 보거나 아예 보지 못하는 게 아니라 나무를 있는 그대로 보고 감상할 수 있을 것입니다.

잊지 마세요. 우리의 마음이 끊임없이 생각을 일으키는 건 당연합니다. 그렇게 발생한 신념으로 실재를 걸러 내고 마음대로 재단해서, 우리는 결국 실재도 아니고 만족스럽지도 못한 생각이 지어낸 세상에서 살게 됩니다. 그런데 생각을 멈추려 애쓸 필요 없이, 그저 생각을 관찰하고 몸에 어떤 영향을 주는지 느끼면서 마음을 지켜보기 시작하면, 차차 근원적인 알아차림을 체험할 수 있습니다. 말로 표현할 수 없는 이런 현존감은 존재의 경험, 즉 '온전한 현재성'입니다. 머릿속 생각이 자기중심성과 불행이 자리 잡은 곳이라면, 근원적 알아차림은 본질적 행복의 원천입니다.

그런데 알아차림을 개발하고 참으로 행복한 삶을 살려면 행복을 가로막는 생각을 밝히고 다루는 것부터 시작해야 합니다.

3장
감정에 사로잡힘

우리 안에서 무엇이 행복을 가로 막는지 관찰할 때, 감정에 사로잡히는 것이 대단한 영향을 준다는 사실을 분명히 알게 됩니다. 여러 감정 중에서 특히 분노, 두려움, 절망이 큰 영향을 줍니다. 그런 감정이 열린 가슴의 본성으로 사는 삶에서 우리를 단절시키는 걸 보고 느낄 수 있습니다. 그 본성이 바로 본질적 행복이 생기는 궁극적 원천인데 말이지요. 삶에 대한 혐오에 뿌리박은 분노는 우리를 남들로부터 분리합니다. 두려움도 다른 사람에게서 분리시키는 감정이며, 우리 삶을 다치지 않으려고 고치처럼 옹크리게 합니다. 절망과 우울은 우리를 다른 사람으로부터 단절시킬 뿐만 아니라 자기 자신으로부터도 단절시킵니다. 절망과 우울의 감정에 얽매여 있으면 자신의 가슴에서 단절되기 때문입니다. 그러니 감정 반응에 사로잡힌 삶을 살면서 어떻게 행복하기를 기대할 수 있겠습니까? 행복을 가로막는 것에는 분노, 두려움, 우울 같은 주요 용의자뿐만 아니라 다른 감정들도 있습니다. 자기 회의는 세상을 협소하고 암울하게 하고, 혼란은 우리를 옴짝달싹 못하게 합니다. 자기 연민은 자신이 희생자라고 느끼게 하며, 원한은 가슴을 완고하게 하고 참행복의 기회를 모두 막아 버립니다.

또한 이런 단절하는 감정은 본질적인 생명 에너지를 고갈시킵니다. 분노를 표출하는 것은 생명력을 낭비하는 일입니다. 그것은 단지 폭발하듯이 명백히 드러나는 분노만이 아닙니다. 우리는 하루 종일 미세한 분노를 일으키며 에너지를 낭비합니다. 예를 들어 성마름, 조바심, 수동적 공격성, 독선 등은 분노의 여러 가지 모습입니다. 마찬가지로 우리가 걱정과 두려움에 사로잡혀 있을 때, 생명 에너지는 본래대로 원활히 흐르지 못하고 정체됩니다. 이는 전형적으로 꼼짝 없이 갇힌 것을 느끼는 때입니다. 우울은 분노, 마음의 상처, 두려움같이 우리가 느끼고 싶지 않은 감정을 억누를 때 생기며, 생명력을 완전히 차단합니다. 그래서 우울할 때 에너지가 턱없이 부족하다고 느낍니다.

이런 단절하는 감정이 에너지를 고갈시키고 우리를 불행하게 하는 데 큰 영향을 주는데도, 역설적으로 우리는 그것을 중단하려고 하지 않습니다. 잘못된 이해로 인해 보다 깊고 참된 행복이 아닌 개인적 행복을 추구할 때, 우리는 단절하는 감정이 도움을 준다고 믿습니다. 수많은 반대 증거가 있지만, 분노가 우리를 보호해 주고, 분노하면 원하는 걸 얻을 수 있다고 믿습니다. 비난하고, 맞서고, 마치 어린애가 원하는 걸 얻지 못하면 점점 크게 우는 것처럼 골냅니다. 그리고 그런 생각을 정말 믿습니다.

"그녀를 변화시킬 수 있으면 모든 게 좋아질 거야."

하지만 원하는 결과를 얻는 일은 거의 없고, 우리는 여전히 분노로 막힌 가슴속에 갇혀 있습니다.

두려움에 대해 말하자면, 우리는 위험해 보이는 것은 모두 피하라는 두려움의 목소리를 따르는 거짓 안전함을 믿고 받아들입니다. 하지만 누구에게 위험한가요? 익숙한 것에만 편히 안주하려는 움츠린 마음에게 위험한 게 아닐까요? 두려움이 무언가 잘못되어 있다고 말하는 걸 고스란히 믿고 제멋대로 하게 내버려 두면, 외부와 차단되고 고치처럼 옹크린 세상에 갇히게 됩니다. 바로 두려움이 만드는 세상입니다. 그러므로 두려움은 참행복을 가로막는 큰 장애입니다. 두려움이 기분 좋지 않은 감정이어서가 아니라, 겉으로는 우리를 보호하고 안전하게 해 주는 것처럼 보이지만 실은 우리가 삶으로 통하는 걸 가로막기 때문입니다. 두려움을 피해야만 행복해질수 있다는 신념에 굳게 매달리는 건 모순입니다. 정확히 그 반대가 옳기 때문입니다. 피하고 싶은 두려운 것을 상상하면 지금 정말 비참해지지만, 두려움에 내맡길 수 있으면 두려움은점차 사라집니다. (내맡김에 대해서는 차차 이야기하겠습니다.)

우울 또한 우리가 행복해지려고 애쓰는 왜곡된 방법입니다. 우울은 마음의 상처나 두려움같이 우리를 불행하게 만든다고 여겨지는 감정을 무디게 합니다. 설령 우울해지고 싶지 않다고 생각할지라도, 마음의 다른 면은 감추어진 감정을 마주할 때의 불편함을 우울보다 훨씬 더 두려워합니다. 어떤 감정으로부터 자신을 방어하고자 세운 벽에 비하면 그 감정 자체는 거의 문제가 되지 않는다는 사실을 우리는 깨닫지 못합니다. 그 벽은 우리를 무력하게 만들고 우리는 실제 삶을 사는 대신 차라리 감정이 마비되기를 선택합니다. 그래서 우울에 사로잡히면, 삶으로 통하고 참행복을 누릴 가능성이 완전히 차단됩니다. 참행복은 기분 좋은 감정뿐만 아니라 느끼고싶지 않은 바로 그 감정까지 포함해서 모든 감정과 직접 어울릴 때 일어나기 때문입니다.

분노, 두려움, 절망 등 단절하는 감정은 우리가 세상을 통제하려 애쓰는 익숙한 방식을 지속시킵니다. 그 감정이 기분 나쁘게 느껴져도, 우리는 익숙하지 않은 근거 없음을 훨씬 더 두려워합니다. 사실 우리는 근거 없음에 내맡기기를 가장 싫어할 것입니다.

한 남자가 깊은 우물 속으로 떨어지다가 간신히 나뭇가지를 붙잡았습니다. 그는 죽을힘을 다해 나뭇가지를 움켜쥐고 우물 밖으로 소리 질렀습니다.

"사람 살려! 거기 아무도 없어요?"

위를 올려다보았지만 아무도 보이지 않았습니다. 볼 수 있는 건 푸른 하늘뿐이었습니다. 그때 갑자기 기적적으로 하늘이 열리고 장대한 빛이 비치면서 큰 목소리가 울렸습니다.

"나는 주 하느님이다. 너를 도우러 왔다. 나뭇가지를 놓으면 너를 구해 주마."

남자는 잠깐 머뭇거리더니 다시 우물 밖에 대고 소리쳤습니다.

"나를 구해 줄 다른 사람은 없나요?"

우리는 행복해지고 싶어 한다고 믿지만, 행복의 값을 치르지 않으려 할 때가 많다는 걸 인정할 수 있습니까? 우리는 행복하고 싶다고 말하지만, 단절하는 감정에 빠지지 않고 지나가는 날이 거의 하루도 없습니다. 이따금 분노와 두려움을 극복하려고 노력하기도 하지만, 분노와 두려움에 먹이를 주는 일이 더 많습니다. 우리가 스스로를 가장 불행하게 만드는 바로 그 감정에 매달린다는 부정할 수 없는 사실과 행복하고 싶다는 소망을 어떻게 조화시킬 수 있을까요?

얼마 전 한 제자가 물었습니다.

"저는 이렇게 불행해지는데도 왜 비난과 분노에 집착하는 걸까요?"

아마도 그녀가 여전히 자신이 옳다는 잘못된 생각을 즐길 수 있기 때문일 것이라고 나는 답했습니다.

첫 결혼 때 나와 전처는 서로가 옳다고 고집하며 권력 투쟁을 벌이곤 했습니다. 나는 우리가 다투는 시간이 정말 싫었지만, 그래도 싸움을 그만두고 싶지 않았습니다. 사실 내가 정당하다는 걸 정말 믿고 싶었던 것입니다. 그리고 우리 두 사람은 행복하기보다 자신이 옳다고 느끼기를 더 원했습니다. 왜냐하면 자신이 옳다는 신념에 따라오는 거짓 권력감과 짜릿한 흥분을 좋아했기 때문입니다. 하지만 모든 단절하는 감정처럼, 그것은 결코 만족스럽지 못한 소외감을 주었을 뿐입니다.

뉘우침이라는 선물

우리는 고통을 방어하고자 벽을 쌓습니다. 그런데 그 벽 때문에 스스로 만든 감옥에 갇혀 다른 사람들에게서 단절됩니다. 따라서 방어하는 벽을 허물지 않으면 계속해서 불행한 단절감을 겪을 것입니다.

하지만 벽이 조금씩 허물어지면 점차 우리 자신과 연결되고, 남들과 연결되고, 나아가 삶 자체와 연결되는 참행복을 경험할 수 있습니다. 하지만 이렇게 연결되려면, 먼저 자신과 단절되고 가슴에서 단절되어 살고 있는 것을 진심으로 뉘우쳐야만 합니다. 나는 이렇게 뉘우침으로써 전처와의 싸움에서 벗어날 수 있었습니다. 그런데 뉘우침은 죄의식과는 다릅니다. 죄의식은 단지 자기 자신을 향한 미세한 분노일 뿐입니다. 우리가 어떤 사람이 되어야만 한다는 생각이나 도덕 명령에 기반을 둔 죄의식과 달리, 뉘우침은 가슴에서 단절된 채 살아가는 실제 고통을 알아차리는 것입니다. 이런 뉘우침을 느낄 때, 얽매인 습성에서 벗어나기 위해 우리가 해야만 하는 일을 할 의욕이 생깁니다.

나는 호스피스 자원봉사자로서 한 주에 몇 시간씩 죽음이 임박한 환자들과 함께했습니다. 처음 환자를 방문하기 시작했을 때, 그들과 함께 있는 시간에 내가 어떤 사람이어야만 하고 정확히 어떤 일을 해야 하는지 가끔 걱정되고 자기 회의가 밀려왔습니다. 한 환자는 무력감에 사로잡혀 가족에게도 다가갈 수 없었습니다. 말기 환자들이 많이 느끼는 이런 고립감은 스스로 만든 감옥과 같습니다.

나는 처음 그 환자를 방문했을 때부터 무슨 일이 일어나고 있는지 확실히 알았습니다. 하지만 그 사람에 대해 전혀 알지 못했으므로, 그것에 대해 말하는 건 주제넘은 일로 여겨졌습니다. 그런데 차를 타고 집으로 돌아오는 길에 내가 두려움 때문에 뒤로 물러나 있다는 것이 아주 명백해졌습니다. 이어서 뉘우침이 몰려왔습니다. 내가 가슴에서 우러나온 관대함으로 살지 못하고 두려움으로 살고 있음을 알게 되었습니다. 후회가 점점 강해져서, 결국 잠시 차를 길가에 대고 쉬어야만 했습니다. 정말 가슴 속이 아픈 것 같았습니다. 그런데 두려움의 손아귀가 꽉 움켜쥐어서 옴짝달싹 못하는 것처럼 느껴지는 고통과 함께 앉아 있을 때, 다음에 그를 방문할 때는 결코 그냥 뒤로 물러나지 않겠다는 강한 결심이 생겼습니다.

뉘우침이 일으킨 결심 덕분에, 다음번 방문했을 때부터 나는 그 환자와 이전과는 전혀 다른 방식으로 말하고 관계를 맺었습니다. 곧 우리는 가슴에서 우러난 참유대 관계를 맺었고, 스스로를 가두는 두려움의 감옥에서 나올 수 있었습니다.

어디에, 어떻게 사로잡혀 있는지 알기

감정 반응에 사로잡혀 있을 때 더 깨어나고 궁극적으로 참 행복에 이르고자 한다면, 가장 먼저 자신이 어디에 어떻게 사로잡혀 있는지 명확히 인식해야 합니다. 우리는 자신이 분노한다는 사실조차 모를 때가 있습니다. 특히 조바심이나 약간의 성마름처럼 미세한 분노는 알기 어렵습니다. 또 불안이나 우울이 생겨도 모를 수 있습니다. 단지 뭔가 엇나갔다고 어렴풋이 느낄지도 모릅니다.

그러므로 "바로 지금 나는 참으로 행복한가?"를 자신에게 묻고, 이어서 "행복을 가로막는 건 무엇인가?"를 묻는 것이 많은 도움이 됩니다. 이렇게 스스로 질문하면 자신의 내면에 주의를 기울일 수 있고, 실제로 어떤 일이 일어나는지 꽤 정확히 알아차릴 수 있습니다.

우리가 어딘가에 사로잡혀 있음을 인정하는 것이 첫째 단계입니다. 하지만 단지 화나거나 불안하다는 걸 아는 것만으로는 충분하지 못합니다. 더 정확히 관찰해야 합니다. 특히 우리가 무엇을 믿는지, 자신에게 어떤 사연을 말하는지 알아차려야 합니다.

더 분명하고 정확히 관찰하는 방법은 "이건 참을 수 없어" 혹은 "이건 절대 참아서는 안 돼"같이 가장 부담되는 감정을 일으키는 생각에 이름을 붙이는 것입니다. 이름 붙이기는 조용히 자신에게 "'이건 참을 수 없다'는 생각을 믿고 있다"라고 말하는 것입니다. 자신의 신념에 이름을 붙임으로써 그것을 분명히 말하고, 자신을 그 신념과 동일시하는 걸 조금 줄이게 됩니다.

이렇게 자신의 신념을 객관화하면, 그것을 변함없는 사실로 믿지 않을 수 있습니다. 그러면 그 신념은 우리를 남으로부터 분리하는 감정에 먹이를 공급하지 못하게 됩니다.

자신이 가장 믿는 신념을 기록해 놓는 게 도움이 됩니다. 매우 다른 여러 상황에서도 같은 신념이 일어나는 걸 발견하는 일이 많을 것입니다.

예컨대 우울할 때 우리는 우울과 관련된 세 가지 전형적인 생각을 반복하는 경우가 많습니다. "세상은 암울해", "내 인생에 희망은 없어", "나는 절대 좋은 사람이 아니야" 또 단절하는 감정이 일어날 때마다 "이건 뭔가 잘못됐어!", "뜯어 고쳐야만 해" 이런 생각을 품습니다. 그리고 각자의 개인사에 따라 "나는 그리 좋은 사람이 아니야", "모든 걸 통제해야 해", "인생은 안전하지 못해", "나는 늘 혼자일 거야"같이 습성이 된 여러 신념에 사로잡힙니다.

또한 과거 경험의 기억에 따라 그 신념을 정당화해서 우리의 감정 반응을 변함없는 사실로 여깁니다. 과거를 돌아보며 우리를 곤경에 빠뜨린 사람과 사건을 비난하는 건 상당히 매혹적입니다. 그런데 과거에 대한 기억은 여러 조각으로 나뉘어져 있고 부정확한 경우가 많습니다. 과거를 분석할 때 일어나는 통제감을 좋아할 수도 있지만, 그것은 개인의 사연을 확고히 하는 역효과를 낳을 뿐, 우리를 자유롭게 해 주지 못합니다.

우리가 왜 지금과 같은 모습인지 설명하는 데 매혹당하지 말고, 단지 현재 자신이 무엇을 믿는지에 집중할 수 있습니까? 아니, 그렇게 하지 못하는 경우가 많습니다. 왜냐하면 우리가 그 신념을 진실로 여기는 탓에 그 신념이 우리의 감정을 확고히 하고 또 감정에 먹이를 주기를 그치지 않기 때문입니다. 이와 마찬가지로 우리는 사실이라고 믿는 판단에도 사로잡힙니다. 우울할 때 "우울은 좋지 않아", "우울하면 안 돼"라는 판단이 우울 자체보다 더 해로울 수 있습니다. 따라서 먼저 우리 머릿속에 특정한 신념과 판단이 있음을 인식하고, 그것으로 사연을 지어내지 않으면, 머릿속 생각은 더 이상 감정에 먹이를 주지 못합니다.

잘못된 신념을 인식하고 중단한 다음에는 무엇을 해야 할까요? 단지 지금 있는 것, 감정 자체를 몸으로 체험하는 것입니다. 감정의 에너지, 감정의 본능적 질감과 함께 머무르기는, 분명히 몸이 불편한 경험이므로 어려워 보일 수도 있습니다. 이 과정을 수월하게 할 수 있는 방법을 나중에 설명하겠습니다.

먼저 우리가 몇 번이고 반복하게 되는 기본 방법으로서, 가슴 중심으로 들어오는 호흡과 함께 머무르기를 배웁니다. 가슴 중심은 우리 몸에서 감정적인 생명이 있는 곳입니다. 정말 가슴 중심으로 호흡하는 것은 아니지만, 들숨 때 호흡의 감각을 느끼면서 심장이 있는 가슴 속에 주의를 기울입니다. 마치 심장으로 숨을 쉬는 것처럼 말이지요.

많은 영성 전통에서 가슴 중심을 이용합니다. 동양 무술에서 배꼽 아래 단전을 이용해서 힘을 기르는 것과 비슷합니다. 물론 가슴 중심으로 호흡하기의 목적은 근육의 힘을 기르는 것이 아닙니다. 알아차림, 가슴을 열기, 포용성을 기르려는 것이 목적입니다.

회의적으로 보는 시각이 있긴 하지만, 심장이 있는 곳을 따라 호흡하기를 익히면, 감정과 함께 머무르기와 궁극적으로 감정이 변형되는 걸 알아차리기에 매우 효과적임을 알게 될 것입니다. 감정이 경직되고 어두운 상태에서 훨씬 유연하고 밝게 변합니다.

가슴 중심으로 숨쉬기는 조금 후에 다시 말하겠습니다. 당분간은 무엇이든 연습하면 그만큼 익숙해진다는 것만 기억하십시오. 예컨대 우리는 행복하기를 원한다고 믿지만, 하루 동안 얼마나 많은 시간을 가장 불행하게 하는 감정에 빠져 살고 있습니까? 정직하게 자신을 관찰하면, 감정이 제멋대로 하게 놓아두는 데 익숙하다는 사실을 알게 됩니다. 이와 반대로 우리가 어디에, 어떻게 사로잡혀 있는지 인식하기를 연습하고 감정에 먹이를 주는 신념을 멈추기를 연습해야 합니다.

그리고 이 연습은 쉽지 않고, 감정으로 인한 어려움이 종종 압도적이고 극복할 수 없어 보일 수도 있음을 자비심으로 부드럽게 자신에게 일러 주어야 합니다. 힘겨운 감정에 좀처럼 자신을 열기 어려운 경우도 있습니다. 그렇지만 연습할 때마다 조금씩 더 자신을 열게 되고, 연습하면 할수록 이 과정은 더 수월해집니다.

당분간 자신의 신념을 분간하고 몸의 알아차림에 머무를 수 있을 때마다, 한두 번이라도 가슴 중심으로 숨쉬기를 연습하는 게 도움이 됩니다. 단지 새로운 방식으로 살 수 있는 가능성을 맛보기 시작하는 겁니다. 이렇게 호흡하기 어려운 분에게는 다음과 같은 호흡 연습을 권합니다.

| 가슴 중심으로 숨쉬기 |

명상 쿠션이나 의자에 앉아 깊은 호흡을 몇 번 하며 몸을 알아차림 합니다.

세 손가락 끝을 가슴 가운데 놓습니다.

가슴에 댄 손가락을 가볍게 누르면서, 어떤 예민한 감각이 있는지 느낍니다. 적어도 손가락이 흉골에 닿은 것을 느낄 것입니다.

호흡을 알아차리면서, 숨을 들이쉴 때 손가락이 닿아 있는 가슴에서 일어나는 감각을 느낍니다.

'마치' 호흡이 가슴 중심을 통해 몸속으로 들어가는 듯이, 가슴 부위에 숨이 통과하는 파이프가 있는 것처럼 상상하면서 호흡합니다.

한 번에 1~2분 동안 이렇게 호흡하고, 하루 종일 자주 그렇게 호흡합니다. '가슴 중심으로 숨쉬기'가 자연스러워질 때까지 반복합니다.

머지않아 마치 산들바람이 몸을 지나가는 것처럼 매우 상쾌하고 활기차게 느껴질 것입니다.

4장
습성

　　　　　참행복은 단지 불행하지 않은 것
이 아닙니다. 이 점이 중요합니다. 건강하고, 좋은 직업을 가
지고, 만족스러운 인간관계 속에서 아무 문제 없는 인생을 살
면서도, 우리가 도달할 수 있는 깊은 평정과 감사를 전혀 경
험하지 못할 수도 있습니다. 자동 운행 하듯이 의식 없이 인
생을 살며 일상의 만족감에 사로잡혀 있을 때, 비록 불행에
빠져 있지 않더라도, 그것은 마치 살얼음 위에서 스케이트를
타는 것과 같습니다.

　우리는 정말 무슨 일이 일어나고 있는지 알지 못하지만,
얼음 위에 금이 하나만 생기면 전혀 생각지도 못한 일이 벌어
질 수 있습니다. 건강이 크게 훼손되거나 실직하거나 인간관

계에 심각한 문제가 생기거나 혹은 비판당하거나 교통정체로 고속도로 위에 갇히는 것 같은 작은 일만 생겨도 개인적 '행복'이 얼마나 쉽게 허물어질 수 있는지 알게 됩니다. 그제야 개인적 행복이란 단지 일시적으로 순탄한 외부 상황에 토대를 둔 거짓 안정감이라는 것을 알 수 있습니다.

일상적 행위를 따를 때 겉으로는 모든 게 괜찮아 보여도 깊은 우물처럼 해결되지 않은 불만족이 있을 수 있습니다. 어떤 국가들에서 조사한 결과, 국민들은 대체로 행복하다고 대답했지만 동시에 자살율도 높았습니다. 여기서 중요한 점은, 우리가 행복하다고 믿고 또 행복해지는 법도 안다고 믿으면서 그 믿음에 따라 행동할 수 있다는 것입니다.

하지만 사실 우리는 행복해지는 법을 모릅니다. 그래서 행복과 정반대로 불행해지는 방식으로 행동하는 전략을 따르기 십상입니다.

상황을 마음대로 할 수 있으면 안정과 행복을 얻을 수 있고, 인기 있고 부유하면 행복해진다고 믿을 수 있습니다. 하지만 그렇게 행복을 찾는 것은, 마치 살얼음 위에서 스케이트를 타듯이 살면서 일시적으로 맛보는 개인적 행복이 영원히 계속되리라 믿는 것에 불과합니다.

그런데 조만간 우리 존재의 불안한 떨림이 의식 표면으로 올라오면, 우리가 뒤쫓는 행복의 공허함에 고통을 느끼고 떨칠 수 없는 상실감을 느낄 수 있습니다. 그때에야 뭔가 상당히 잘못되었음을 깨닫습니다. 하지만 현재 우리가 사는 방식이 보다 깊은 행복을 방해한다는 사실을 정확히 인식할 때까지는 지금과 다르게 살아야 한다는 마음이 생기지 않을 것입니다.

3장에서 말했듯이 진정으로 자신에게 질문해야만 합니다. 나는 왜 참행복을 주지 못하는 행동을 계속하는가? 그 답은 근본적인 인간 조건에 있습니다. 즉 사람들은 안전, 안도감, 통제에 대한 갈망을 타고납니다. 이는 생존 기제에 꼭 필요한 부분입니다. 또 인간은 본래 태어날 때부터 불쾌한 것을 싫어하고 편하고 즐거운 것을 원합니다. 이러한 인간의 근본 성향을 감안하면, 우리가 갈망과 욕구를 충족시키는 방향으로 행동하기를 배운 것은 이해할 만합니다.

겉으로 보기에는 안전하고 편안해지려는 건 잘못된 게 아닙니다. 하지만 우리의 생존 모드가 다른 무엇보다 우세해져서 삶의 주요 동기가 될 때 문제가 시작됩니다. 그러면 호기심, 감사, 친절한 참본성으로 살기 등 다른 타고난 열망은 뒤로 밀려나고, 그 결과 우리 삶은 더 오그라지고 점점 더 불만족스러워집니다. 그에 따라 역설적으로 단지 생존하려고 모든 걸 통제하는 게 우리를 행복하게 해 준다고 계속 믿고, 더 애쓰고 인정받으려 합니다. 하지만 바로 이런 행위 탓에 불만족은 더 심해집니다.

더 애쓰기

더 많이 애써서 안도감과 성공을 얻으려는 통제 전략은 겉보기에 타당합니다. 어쨌든 더 많이 노력하면 확실히 어떤 결과를 얻을 수 있기 때문입니다. 좋은 성적을 얻고, 돈을 더 많이 벌고, 어려운 목표를 이룰 수 있을 겁니다. 그러면 그 결과에 따라 개인적 행복을 느낄 수 있는 건 사실입니다. 물질적 안정과 성취감도 느낄 수 있을 겁니다.

하지만 그것은 삶이라는 전체 그림의 일부일 뿐입니다. 경기 침체나 장애를 초래할 정도의 질병 등 외부 조건은 갑자기 전혀 예상치 못하게 변할 수 있습니다. 때로는 아무리 애를 써도 개인적 행운을 계속 유지할 수 없습니다.

하지만 설령 외부 조건이 크게 변하지 않아도, 행복해지려고 더 열심히 애쓰는 통제 전략에 의존하면 대가를 치러야만 합니다. 왜냐하면 우리가 태어날 때부터 안도감을 원하는 것과 마찬가지로, 성공하려는 충동 또한 자신의 능력을 증명하려는 두려움에서 비롯된 욕구이기 때문입니다. 남보다 뛰어나면 자신의 가치가 증명된다고 믿는 것입니다. 능력 있는 사람이 되는 수단을 이용해 가장 근본적인 두려움인, 쓸모없는 존재가 되는 두려움을 회피하려 합니다. 자신의 가치를 증명하려는 강박이 내면에서 끊임없이 일어나지만, 우리는 그것을 제대로 인식하지 못합니다. 왜냐하면 일을 잘해서 꼭 필요한 사람이 되고 늘 바쁘게 일하면서 그런 강박을 꼭꼭 숨기기 때문입니다. 하지만 두려움이 우리를 몰아붙일 때, 어떻게 참행복을 느낄 수 있겠습니까?

나는 젊은 시절 내내 그리고 중년까지 줄곧 기대에 부합하고 가치 있는 존재임을 증명하려는 욕구에 떠밀려 왔습니다. 그 결과, 어떤 면에서는 더 많이 노력하는 전략에 의해 성공을 이루었습니다.

그렇지만 나는 한 가지 사실을 놓쳤습니다. 즉 남보다 뛰어나려고 노력함으로써 작은 행복을 얻었지만 그 대가를 지불해야 했습니다. 나로 하여금 노력하게 했던 근본 원인인 두려움이 나를 지배했던 것입니다. 그 두려움을 인식하고 제대로 다루지 못하면, 아무리 크게 성공해도 가치 없는 존재가 될지 모른다는 독처럼 해로운 두려움이 끊임없이 우리를 몰아붙일 것입니다.

그런데 운 좋게도 어느 순간 두려움이 나를 끊임없이 긴장시키고 더 애쓰도록 몰아대는 걸 볼 수 있었고, 그 쳇바퀴에서 빠져나올 수 있었습니다. 사람들은 가치 없는 존재가 되는 두려움이 너무 강하고, 그 사실을 전혀 알지 못하는 탓에 일생 동안 두려움에 떠밀려 갑니다. 여기서 요점은, 노력해서 이룬 성공에 유혹당하고, 그것이 곧 행복이라고 생각하기 쉽다는 것입니다. 그것은 안타깝고 슬픈 일입니다. 우리는 너무 쉽게 속아서 그걸 행복이라 부르고, 동시에 우리를 몰아붙이는 두려움은 우리의 세계를 오그라들게 하고 삶의 질을 저하시킵니다.

인정받기를 원하기

흔히 우리는 행복해지려고 더 많이 애쓰는 전략을 이용합니다. 이와 더불어, 행복해지려는 다른 전략은 남에게 인정받고, 좋은 평가를 받고, 칭찬받는 것입니다. 본래 생존 본능에서 비롯된 '더 많이 애쓰기'와 마찬가지로 인정받기 전략도 무리 속에 어울려 살려는 생존 방식에서 비롯된 것입니다. 집단에 속하는 건 잘못된 게 아닙니다.

그런데 우리는 어릴 때부터 내면의 고통을 회피하려고 집단에 속하는 전략을 왜곡해서 이용합니다. 자신이 가치 없거나 하찮은 존재라고 믿는 사람은 그 고통을 회피하고자 남들에게 인정받기를 원합니다.

한 텔레비전 광고에서 대머리 남자가 새로 머리카락이 나게 하려면 모근 이식이 매우 효과적이라고 말했습니다.

"인생에서 가장 중요한 건 즐기는 것과 기분 좋은 겁니다. 그리고 기분 좋은 것의 90퍼센트는 외모가 보기 좋은 거지요."

이건 거의 농담처럼 들리지만, 그 사람은 진지하게 말했습니다. 또 슬픈 사실은, 우리가 그의 말과 똑같은 추정에 따라 행동하는 일이 많다는 것입니다. 즉 외모가 좋으면 우리가 갈망하는 인정을 받을 수 있을 테고, 그러면 행복해진다는 생각입니다.

더 많이 애쓰기와 마찬가지로, 인정받기 원하는 건 잠시 동안 개인적 행복을 줄 수도 있습니다. 다른 사람이 나를 좋아하고 알아주면 기분이 좋으니까요. 하지만 내면의 두려움과 고통을 회피하는 수단으로써 인정받으려는 욕구는 다 채워질 수 없고, 결국 참평정에 이를 여지를 가로막습니다. 이따금 생기는 성공이나 인정과 다른 외부 요인에서 비롯된 약간의 개인적 행복에 만족하면, 보다 근본적인 행복에 이를 수 있는 인간의 능력을 탐구할 기회를 가지기 어렵습니다.

우리가 무얼 하고 있는지 늘 제대로 알기는 쉽지 않습니다. 습관처럼 더 많이 애쓰거나 인정받기 바라는 행위는 매우 깊이 인이 박여 있으므로, 그것을 명확히 알기는 정말 어렵습니다. 그런 행위가 우리를 행복하게 해 주지 못할 때조차 그것을 인식하기 어렵습니다. 그렇게 행동하면 행복해진다고 너무나 굳게 믿기 때문입니다!

이런 무지를 깨뜨리는 효과적인 방법은 두 질문을 하는 것입니다. "바로 지금 나는 참으로 행복한가?" 그리고 "행복을 가로막는 건 무엇인가?".

두 질문에 대해 차분히 생각하는 데 걸리는 시간은 몇 분밖에 안 됩니다. 얼마 동안 하루에 몇 번씩 두 질문을 하면, 정확히 어떤 행위가 참행복을 가로막는지 목격하게 될 것입니다.

중독

매우 많은 사람들이 행복해지려고 더 많이 애쓰기와 인정받기, 두 가지 습성을 따릅니다. 그리고 그에 못지않게 많은 사람들이 쾌락이나 오락을 비롯한 많은 중독 행위에 빠져 행복을 얻으려고 합니다. 쾌락과 오락 자체는 나쁠 것이 없습니다. 그리고 분명히 기분을 좋게 해 줄 수 있습니다.

하지만 음식, 술, 섹스, 운동 등 어떤 행위에 중독되면 그 행위를 끊임없이 계속하려는 강박에 시달리게 됩니다. 중독된 행위가 언제나 기분 좋게 해 줄 것이라고 믿는 것입니다.

그런데 궁극적으로 중독은 불만족과 불행을 초래할 뿐입니다. 왜 그런가요? 중독 행위는 내면의 불편함을 잠시 덮어 두는 수단에 불과하므로, 중독의 갈망을 채워서 얻는 위로는 항상 일시적일 뿐이기 때문입니다. 한 번은 기분이 좋지만, 내면의 욕구를 제대로 다루지 않았으므로, 몇 번이고 반복해서 쾌락과 탐욕과 오락으로 내면의 욕구를 덮어 두려는 강박을 느낄 것입니다.

중독 행위를 끊임없이 반복하는 것을 보면, 사람들이 행복을 제대로 이해하지 못하는 경향이 여실히 밝혀집니다. 매혹적인 중독 행위가 행복을 약속하는 것처럼 보이므로, 우리는 그것을 따릅니다. 그리고 중독 행위는 어느 정도 효과도 있습니다. 감각적 즐거움이나 엔돌핀이 높아지는 걸 느낄 때 행복해지기 때문입니다.

하지만 그렇게 얻은 행복은 언제나 한순간일 뿐이고, 항상 일시적으로만 도움이 되는 외부 상황에 의존합니다. 외부 환경이 적대적이지 않으면 괜찮은 인생이라 생각하고, 상황을 바꾸려 하지 않습니다. 또 중독 행위를 일으키는 근본적 불안을 다루지 않습니다. 다 괜찮아 보이는데 공연히 긁어 부스럼 만들 일 있느냐는 심정이지요. 그래서 우리는 개인적 행복과 불행을 오가는 다람쥐 쳇바퀴 속에 남아 있습니다. 기분이 그리 좋지 않을 때는 해결 방안을 찾고, 그다음에는 다시 행복하다고 생각합니다. 이런 일이 계속 반복되고, 그동안 참행복은 멀어집니다.

많은 사람들에게 습성이 된 또 하나의 중독 행위는 자아상을 유지하려는 욕구입니다. 우리는 번듯해 보이려고 어떤 일이라도 합니다. 이것은 좀 색다르긴 해도, 남에게 인정받기를 바라는 방식 중 하나입니다. 모든 사람에게는 자기 자신을 보고 투사하는 방식인 자아상이 있습니다. 그리고 자아상 혹은 정체성이 행복을 준다는 미세한 신념을 가지고 있습니다. 예컨대 한 기업의 이사는 특정 자아상을 가지고 있고, 그가 옷을 입고 말하고 심지어 걷는 방식에 따라 그의 자아상은 더 강화됩니다. 운동선수는 이와 전혀 다르게 주로 몸매나 운동 능력에 따른 자아상을 가질 것입니다. 수행하는 사람도 자신만의 정체성을 마음에 간직할 수 있습니다.

그런데 어떤 자아상이든 그것을 충족시키고 유지하는 데 필요한 지속적 노력은 에너지를 빠져나가게 하고, 동시에 많은 불안을 일으키는 원인이 됩니다. 자신이 생각하는 이상적인 모습으로 그럴듯하게 살지 못할까 봐 걱정하는 것입니다. 우리는 자아상이 없으면 자신의 실체가 자신과 남에게 여지없이 드러난다고 느낍니다. 자신의 진실이 정말 남에게 알려

지면, 다른 사람들이 자신을 쓸모없거나 모자란 사람으로 볼 것이라고 걱정하는 것입니다.

우리가 모래 같은 토대 위에 행복을 쌓고 있음을 보여 주는 데 자아상에 집착하는 것보다 더 좋은 예는 없을 것입니다. 우리는 바쁘게 열심히 일하는 사람이라는 정체성 혹은 편안함을 주는 자아상에 집착할 수 있습니다. 하지만 직장을 잃고 능력이 없다고 느낄 때, 무릎이 아파서 다시는 육상 경기를 할 수 없게 되거나, 배우자가 떠나서 외롭고 단절감을 느낄 때, 어떻게 해야 할까요?

습성에 젖은 행위를 대할 때처럼, 자아상을 다룰 때도 첫째로 우리가 가장 집착하는 정체성이 무엇인지 명확히 알아야만 합니다. 문제는 자신의 정체성이 무엇인지 정확히 알지도 못하면서 그것에 집착하는 일이 많다는 것입니다.

최근에 들은 이야기입니다. 한 카우보이가 공원 벤치에 앉아 있었는데 한 여성이 다가와서 그 옆에 앉았습니다. 그녀가 그의 모자와 부츠를 보고 말했습니다.

"당신 정말 카우보이예요?"

그가 대답했습니다. "글쎄요. 나는 평생 동안 목장에서 소와 말을 돌봤습니다. 그러니까, 그래요, 나는 진짜 카우보이라고 생각합니다."

그녀는 잠시 생각한 후에 말했습니다. "나는 레즈비언이에요. 나는 깨어 있을 때 여자 생각을 하고, 하루 종일 여자를 생각합니다. 자러 갈 때도 나는 여자 생각을 해요."

잠시 더 대화를 나눈 후에 그녀가 떠났습니다. 조금 있다가 한 남자가 와서 카우보이 옆에 앉아서 그를 쳐다본 후, 그에게 물었습니다. "당신, 진짜 카우보이요?"

카우보이가 대답했습니다. "글쎄요, 그렇다고 생각했지요. 하지만 지금은 내가 레즈비언이라고 생각합니다."

우리는 마음에 품은 자아상에 매우 집착할 수 있습니다. 사실 습성이 된 행위는 모두 집착과 혐오가 몰아붙여서 일어나는 것입니다. 집착이란 사람이나 사물에 감정적으로 얽매여서, 그 사람이나 사물 없이는 행복할 수 없다는 <u>신념을</u> 포함한 감정입니다. 우리는 성공, 안도감, 통제, 남의 인정 그리고 자아상에 집착할 수 있습니다.

혐오는 집착에 반대되는 측면입니다. 우리는 실패, 상실, 불안정, 불안을 혐오할 수 있습니다. 그리고 보통 혐오를 느끼는 일이 일어나면 틀림없이 불행할 것이라고 믿습니다. 참행복을 경험하려면 먼저 행복을 가로막는 게 무엇인지 인식해야 한다는 점은 아무리 강조해도 지나치지 않습니다. 우리가 어디에 집착하는지 아는 것도 그 일부입니다. 우리가 집착하는 것이 행복하게 해 준다고 믿지만, 사실 그 반대 역할을 하기 때문입니다.

습성이 된 행위가 행복하게 해 준다고 믿는 동안 그 행위를 계속하려 할 것입니다. 그리고 습성을 따를 때 이따금 정말 약간의 개인적 행복을 얻을 수 있기에, 오랫동안 점점 더 습성의 행위에 매달리게 됩니다. 이런 식으로 일생 동안 변화하려는 어떤 노력도 하지 않고 집착과 타성의 쳇바퀴 속에 갇히게 됩니다.

그러므로 역설적으로, 때때로 삶이 큰 실망을 안겨 줄 때, 사실 운이 좋은 겁니다. 그때는 집착과 습성을 따르는 전략이 정말 도움이 되는지 진지하게 묻지 않을 수 없기 때문입니다. 그 결과, 이제까지 한 행위가 참으로 행복해지는 데 분명히 효과가 없음을 제대로 볼 때 다음 단계로 나아가도록 동기부여가 될 수 있습니다.

나는 40대 후반에 면역 질환에 걸려서, 3년이 넘게 한번 병이 도지면 몇 달씩 전혀 아무것도 할 수 없었습니다. 내가 매우 집착하던 육체적 생기를 잃었을 뿐만 아니라 무척 하찮은 존재가 된 듯했습니다. 일도 제대로 할 수 없었고, 내가 깊이 관여한 선 공동체에 참여하기도 어려웠기 때문입니다. 결가부좌하고 앉아 명상을 할 수 없었을 뿐만 아니라 단순한 집중조차 할 수 없었으므로 선 제자라는 정체성도 잃었습니다. 게다가 아내와 자녀들과 함께 활동할 수 있는 범위도 극히 제한되어서 남편과 아빠로서의 정체성도 허물어졌습니다. 세상 어디에서도 내 존재의 근거를 찾을 수 없다는 생각만 들었습니다.

나는 25년 동안 명상을 했지만 그때 육체적 장애를 입은 충격에 몹시 당황했습니다. 처음 몇 주 동안은 아무것도 이해할 수 없을 정도였지요. 그런데 그 충격이 너무 심해서, 마침내 인생에서 내가 무엇을 하고 있는지 되돌아봐야만 했습니다.

이를테면 더 많이 애쓰기 전략같이 틀림없이 가치 있는 일이라고 믿었던 행위를 다른 관점으로 보기 시작했습니다. 또 "무조건 하자" 같은 사고방식에 깊이 뿌리박은 나의 명상 수행에 대해서도 의문을 가지기 시작했습니다. 그래서 명상에 대한 나의 태도는 점차 '놓아두어라'같이 훨씬 부드러운 입장으로 변했습니다.

이런 변화와 또 다른 많은 변화는 나의 웅크리고 방어만 하려는 세계에 가해진 충격에서 시작되었습니다. 처음엔 끔찍했지만, 결국 그 충격 덕분에 삶의 의미를 재평가할 수밖에 없었던 것이 아마도 참행복의 근원을 알게 되는 가장 중요한 촉매였음을 깨달았습니다. 그렇게 억지로 떠밀리지 않았다면 나는 익숙한 것에 만족해서 그걸 넘어서려고 하지 않았을 것입니다.

우리가 어디서 어떻게 스스로를 방해하는지 살펴보아야만 합니다. 스스로 근본적 행복을 가로막는 모든 방식을 관찰하는 것입니다.

먼저 우리가 바라는 대로 인생이 이루어져야만 한다는 특권 의식을 인식하는 것부터 시작할 수 있습니다. 특히 우리에게는 늘 건강하고 편해야만 하고 삶이 즐거워야만 한다는 특권이 있다고 믿는다는 걸 알아야만 합니다. 이어서 머릿속 생각을 관찰할 수 있습니다. 과거에 대한 후회, 미래에 대한 걱정, 다른 사람은 물론 자신을 비난하는 생각과 판단하는 생각 등이 우리를 옭아매는 머릿속 생각입니다.

특권이 있다는 신념과 머릿속 생각을 중단하려고 애쓸 필요는 없습니다. 우선 매우 구체적으로 그것이 무엇인지 알면 됩니다. 감정 반응도 마찬가지입니다. 어떤 감정에 사로잡히는지 관찰해야 하고, 그 감정이 우리를 다른 사람으로부터 단절시키고 참행복의 기회를 가로막는 것을 내면에서 알아차려야 합니다.

그리고 마침내 통제하려는 전략, 중독 성향, 마음속 깊이 간직한 자아상에 대한 집착 등 습성이 된 행위를 살펴봐야 합니다. 그런 습성이 행복하게 해 준다고 믿으면서 평생을 보냈지만, 사실 깊이 살펴보면 습성은 행복이 아니라 불행을 주었습니다. 그렇지만 스스로를 방해하는 행위를 많이 했다는 사실을 명확히 알기 전에는, 얼마 안 되는 개인적 행복을 넘어서 참만족의 근원을 개발하는 동기부여가 되지 못할 것입니다.

2부

행복의 근원 :
지금 있는 그대로에 내맡기기

5장
현존하기

     지금까지 주로 참행복을 가로막는 것에 대해 말했습니다. 그것은 특권 의식, 기대, 신념과 판단, 두려움에 따른 감정, 집착과 중독입니다. 바로 이것들 탓에 더 깊고 지속적인 평정 상태를 경험할 수 없습니다.

     행복에 대한 책에서 이렇게 말하는 게 꽤 냉정하게 들릴 수 있습니다. 또 우리가 행복해지려고 하는 일들이 실제로 효과가 거의 없다는 것을 받아들이기 어려울 수도 있습니다. 그렇지만 자신을 정직하게 관찰하면, 그것이 옳다는 걸 알게 될 것입니다. 행복하게 해 준다고 오해하고 뒤쫓는 것들은 기껏해야 잠깐 동안 즐거움을 줄 뿐입니다. 외부 조건은 참행복을 줄 수 없습니다. 하지만 행복을 방해하는 기대, 판단, 집착, 두려움이 가로막지 않는다면, 참행복은 우리의 본래 상태입니다.

여기 덧붙여, 우리가 직접 개발할 수 있는 구체적인 참행복의 근원이 있습니다. 그것은 현존, 관대함, 감사, 자애심, 용서 등을 할 수 있는 인간의 타고난 능력입니다. 이 능력을 키우면 우리의 본성에 더 긴밀히 연결됩니다. 그리고 그 부산물로 행복이 자연스레 따라옵니다. 그러므로 두 가지 방식으로 행복에 다가갈 수 있습니다. 하나는 행복을 방해하는 것을 다루기이고, 다른 하나는 행복의 본래 근원을 개발하기입니다.

현존하기는 참만족이 생기는 본질적 근원입니다. 거의 모든 영성 전통에서 현재 순간을 매우 중요하게 여깁니다. 그리고 수많은 사람들이 현재 순간에 대해 말하고 글을 씁니다. "지금 이 순간을 살아라", "지금 여기 존재하라" 같은 말은 널리 쓰이는 관용구가 되었습니다.

그런데 왜 우리는 현재 순간의 삶을 경험하기를 원할까요? 있는 그대로의 삶에 현존하기는 참행복을 느끼는 것과 어떤 관련이 있을까요? 특히 지금 일어나는 일을 좋아하지 않아도 참행복을 느낄 수 있을까요?

이 질문에 대한 명확한 대답 하나는, 현존하기는 우리로 하여금 '나, 내 것'이라는 오그라진 자기중심적 세계를 넘어 진정한 우리라는 열려 있고 점점 더 깊어지는 깨달음으로 변하게 한다는 것입니다. 겉치레, 방어, 깊이 새겨진 신념, 두려움 등 현재 순간에 일어나는 것에 주의를 기울이면, 스스로 강요한 경계의 견고한 겉모습을 천천히 꿰뚫어 보기 시작합니다. 그 경계는 매 순간 실재를 보고 그에 따라 살지 못하게 방해합니다.

겹겹이 쌓인 습성과 거기서 비롯된 싸움을 알아차리면 습성의 힘은 조금씩 약해집니다. 바로 이것이 '나'가 아닌 본래 '존재'를 경험하고 그에 따라 살기 시작할 수 있는 길입니다. 현재의 삶이라는 보다 광대한 관점에 더 긴밀히 연결될수록 자신이 바로 그 광대함이고, 또 그 광대함의 유일한 현현임을 절실히 알아차리는 순간을 맞이할 수 있습니다.

이때 연결되어 있음과 사랑이 단지 말이 아닌 그 이상이 되고, 자연스럽게 참행복이 일어납니다. 진정으로 현존할 때, 설령 지금 이 순간이 일반적 의미로 감미롭지 않을지라도 지금 이 순간의 감미로움을 음미할 수 있습니다. 왜냐하면 다만 잠시라도 신념의 압박에서 벗어날 수 있기 때문입니다. 그 결과 존재의 홀가분함과 내적 자유를 느낄 수 있습니다.

현존하기가 얼마나 중요한지 머리로는 이해해도 아직 의문이 남습니다. 현재 순간을 경험한다는 게 정확히 무슨 뜻인가? 이 물음은 대답하기 어렵습니다. 현존하기의 경험은 단지 말이나 생각이 아니기에, 말로는 현존하기의 질감을 포착할 수 없기 때문입니다. 또 하나의 어려움은 현존하기가 딱 하나가 아니라는 사실입니다. 현존하기는 매 순간 변합니다. 그러므로 현존하기를 고정된 실체로 규정하지 말고 어떤 연속체로 보고 이해해야 합니다.

지금 이 순간은 무엇인가?

현재 순간이라는 연속체로 들어가는 길은 "지금 이 순간은 무엇인가?"라는 질문을 자주 하는 것입니다. 그것은 지성이나 사실에 근거해서 답할 수 없는 전형적인 선문답입니다. 다시 말해, 머릿속 생각으로 사물을 이해하려는 습관을 피해야만 그 물음에 답할 수 있습니다. 그럼 일반적인 방법처럼 머리를 쓰지 않고 어떻게 답할 수 있을까요? 자신이 경험하는 물리적 실재에 주의를 기울임으로써 대답하는 것입니다.

지금 연습해 봅시다. "지금 이 순간은 무엇인가?"를 자신에게 묻습니다. 그리고 이 질문에 답하려면, 먼저 호흡하기 같은 아주 구체적인 현재 순간을 알아차림 합니다. 특히 가슴 중심에 집중하면서, 두어 번 깊은 호흡을 하고, 들숨과 날숨의 감촉과 변하는 감각을 느낍니다. 생각이 일어나도 상관하지 않고 놓아둡니다. 몇 번 호흡하는 동안 계속해서 가슴 중심에서 호흡하는 것에 집중합니다. 그리고 이따금 조용히 자신에게 "지금 이 순간은 무엇인가?" 묻기를 반복합니다.

호흡에 집중하는 것은 "지금 이 순간은 무엇인가?"에 대한 한 가지 대답이지만, 현재 순간의 실재 중 작은 일부일 뿐입니다. 자신이 경험하는 소소한 것을 마음챙김 하는 것은 처음 수행을 시작하는 좋은 방법이지만, 아직 삶의 많은 부분을 다루지 않고 있습니다.

이제 다시 "지금 이 순간은 무엇인가?"를 묻는데, 이번에는 알아차림을 더 확장해서 주변 환경으로 넓힙니다. 계속 가슴 중심에서 호흡을 느끼면서 방, 공기, 주변의 소리로 알아차림을 전개합니다.

이때, 전에는 미처 지각하지 못했던 것들이 얼마나 많이 알아차림에 들어오는지 느끼고 놀랄 수도 있습니다. 일어나는 모든 것의 물리적 경험과 함께 머무릅니다. 실제로 공기를 느끼고 소리를 듣는 것입니다. 생각이 일어나면, 그것을 지각하기만 하고 적극적으로 생각에 매달리지는 않습니다. 단지 생각의 물리적 성질을 알아차림 합니다. 예를 들어 해야 하는 일이 생각나면, 단지 그 생각이 우리를 통해 지나가게 합니다. 생각을 붙들거나 따라가지 않고, 그저 생각이 지나간 후 몸 안에 무엇이 남았는지 봅니다. 생각에 따라 감정이 출렁이나요? 그렇다면 단지 감정이 있음을 인정합니다. '왜'를 묻지 말고 단지 '무엇'이 느껴지는지 물으세요. 어쩌면 배 속이 흔들리거나 목구멍에 뭔가 걸린 것이 느껴질지도 모릅니다. 더 격한 감정을 다루는 법은 나중에 말하겠습니다. 이 단계에서는 현재 순간의 순전히 물리적인 경험과 함께 머무르기만 하면 됩니다.

현재 순간의 작은 일부인 호흡에 집중하기부터 시작해서 주변을 포함한 더 넓은 영역으로 알아차림을 확장하기를 계속하세요. 그러고 나서 다시 "지금 이 순간은 무엇인가?"를 묻습니다. 다시 한 번 알아차림을 확장해서 호흡과 주변 환경뿐만 아니라 실제 이 순간의 광대한 경험, 즉 본래 아무것도 하지 않고 단순히 방에 앉아 있기의 온전함 혹은 게슈탈트gestalt 물리성까지 포함합니다. 살아 있기, 여기 존재하기, 지금 이 순간에 존재하기의 내적 느낌은 무엇입니까?

"지금 이 순간은 무엇인가?"를 물을 때, 여전히 호흡과 주변 환경에 대한 알아차림이 있고, 더불어 단지 존재하기의 경험이 있습니다. 관찰하고 느낄 때, 즉 그저 여기 존재하기의 물리적 실재에 마음이 머무르게 할 때, 그것은 단지 이것을 알아차리는 것입니다. 어떤 면에서 "지금 이 순간은 무엇인가?"를 물을 때 유일한 대답은 단지 이것밖에 없다고 말할 수 있습니다. 그건 지적인 대답이나 사실에 근거한 대답이 아닙니다. 현재 순간을 비관념적으로 알아차리는 것입니다.

이 연습에서 볼 수 있듯이 "현재 순간을 경험하는 것은 무엇을 의미하는가?"라는 물음에는 단 하나의 답만 있는 게 아닙니다. 그 대답은 끊임없이 변하기 때문입니다.

현재 순간은 마치 여러 개의 동심원들로 이루어져 있는 것과 같습니다. 첫째 원은 가슴 중심의 호흡에 집중하는 경험처럼 실재의 작은 영역에 불과합니다. 다음 원은 주변 환경을 알아차림 하는 것처럼 더 넓은 원으로, 실재의 확장된 영역입니다. 이 안에는 가슴 중심으로 호흡하기를 알아차림 하는 더 작은 첫째 원이 있습니다. 이어서, 있음이라는 실재의 훨씬 더 넓은 영역까지 확장한 것이 가장 바깥의 원입니다. 이는 가장 넓게, 단지 존재하기를 알아차림 하는 것입니다. 이 원들은 따로 분리되어 있지 않고, 각 원의 내부에는 그보다 더 작은 알아차림의 원이 있습니다.

알아차림의 원들을 통합하면 명확한 현존감, 살아 있음의 감각을 일으킵니다. 때로 그 경험은 "내가 여기 있다"는 생생한 깨달음입니다. 이는 오그라진 에고의 '나'가 아니며, 보다 넓은 의미에서 지금 있는 그대로의 나입니다. 현존하기는 본질적으로 머릿속 생각, 즉 자기중심적 생각과 판단과 기대에 사로잡히지 않음을 의미합니다. 이제 자신의 생각이나 감정이 지금 있는 그대로의 나와 같다고 여기지 않으며, 지금 있는 그대로의 삶이라는 보다 광대한 감각과 자신을 동일시합니다. 몸이나 감정으로 무엇을 느끼든 우리는 그 느낌에 국한되거나 규정되지 않음을 이해합니다. 이것이 참만족의 상태입니다.

지금까지 "지금 이 순간은 무엇인가?"를 질문한 것은 특정한 감정이 관련되지 않은 경험이었으므로, 감정적으로 좋지도 나쁘지도 않았을 것입니다. 하지만 이런 의문이 생깁니다. 불안 같은 격한 감정을 느껴 괴로울 때 어떻게 현존과 평정심을 경험할 수 있는가? 불안의 경험은 본능적으로 불편하지만, 불안을 느끼면서도 현재 순간에 머무를 수 있는가?

불안이 일어날 때 알아차림을 유지하기가 어려운 것은 확실합니다. 진실로 있는 그대로 현재를 경험하려면 습성을 따르는 전략을 그만두어야만 하기 때문입니다. 즉 통제하려고 애쓰기, 파악하려고 애쓰기, 마비되기, 다른 오락을 찾기, 다른 일로 회피하기를 그만두어야만 합니다. 습성을 따르는 전략의 유일한 목적은 느끼기 싫은 불편을 느끼지 않으려고 방어하는 것입니다. 이런 방어를 그만두고 물리적으로 직접 경험하기에 머무를 수 있을 때까지, '나와 나의 불안'이라는 오그라진 세계에 갇혀 있게 됩니다.

하지만 "지금 이 순간은 무엇인가?"를 스스로에게 물을 때, 바로 불안 자체의 물리적 경험에 도달합니다. 잊지 마세요. 왜 불안한지 묻는 게 아닙니다. 그것은 분석하기이며 물리적으로 현존하기의 정반대입니다. 이와 달리 실제 존재하는 것을 묻습니다.

그러므로 가슴 중심으로 들어오고 나가는 호흡을 느끼면서 호흡에 근거를 마련하기부터 시작합니다. 호흡하는 현재 순간의 경험에 자리 잡을 때까지 호흡에 머뭅니다. 이어서 가슴과 배의 조이는 느낌, 입 주위의 긴장감, 몸 전체가 꽉 막힌 느낌 등 몸의 구체적인 물리적 감각으로 알아차림을 확장합니다. 매우 집중해서 이런 감각을 느낍니다. 잠시 후에 공기, 소리, 방의 공간감 같은 주변 환경의 더 넓은 원으로 알아차림을 확장합니다. 또 떠오르는 생각을 간략하게 인식하고 이름 붙이기를 할 수 있습니다.

이렇게 호흡, 몸의 감각, 주변 환경에 대한 알아차림을 확립한 후에, 시간이 좀 걸리겠지만, 자신의 현존이라는 훨씬 더 넓은 원으로 다가갑니다. 물론 처음에는 현재 순간의 더 광대한 경험에 다가가는 게 어려울 수 있습니다. 특히 격한 감정이 일어날 때는 현재 순간의 경험에 다가가기가 정말 힘들겠지요. 하지만 바로 그때, 지금 있는 그대로의 자신을 불안과 동일시하지 않게 됩니다. 우리는 단지 불안을 경험할 뿐이고, 알아차림 자체와 자신을 동일시합니다.

이런 설명이 너무 복잡해 보이거나, 반대로 너무 쉽게 생각되지 않기를 바랍니다. 사실 불안 같은 불편함이 있을 때 현재 순간을 알아차림 하는 것은 직관을 거스르는 것입니다. 왜냐하면 당연히 불편한 것을 직면하지 않고 외면하려 하기 때문입니다. 그러므로 현재 순간으로 향하고 거기 머무르려 애쓰면 언제나 저항이 생깁니다. 어쩌면 현재 순간이 즐거울 때조차 그것을 직면하려 하면 저항이 생길 수 있습니다. 생각하는 마음인 에고의 오그라진 마음은 옆으로 물러나 있기를 좋아하지 않아서, 억지로라도 자신의 존재를 뚜렷이 드러내려 하기 때문입니다.

그럼 어떻게 해야 할까요? 몇 번이고 거듭해서 현재 순간의 물리적 실재로 되돌아오는 것입니다. 다음 장에서는 여러 예를 들어서 그것을 구체적으로 어떻게 하는지 말하겠습니다.

현재에서 가로새는 흔한 방식들

현재에 머무르고자 노력할 때 부인할 수 없이 마주치게 되는 사실이 있습니다. 즉 현재에 머무르기는 대단히 어려우므로, 아마도 현재 순간을 벗어나는 수많은 방법을 찾아낼 것입니다. 이를테면 현재 순간을 물리적으로 경험하는 데서 벗어나, 그것을 생각하고, 주석을 달고, 분석하기로 바꾸는 것입니다. 그런 까닭에 몇 번이고 거듭해서 지금 이 순간의 물리적 경험으로 되돌아오라고 그토록 강조하는 것입니다. 머릿속 생각에 사로잡혀 가로새지 않도록 돕는 거지요.

현재 순간에 저항하는 더 미묘한 방식은 관찰자의 마음으로 시작해서 자신의 습관과 생각을 객관적으로 인식한 후에, 판단하는 마음으로 가로새서 평가하고 결점을 찾는 것입니다. 자신이 이런저런 생각에 사로잡혀 있는 걸 관찰하다가, 금세 단순히 관찰하기에서 벗어나 현존하지 못하는 자신을 자책합니다. 이것은 매우 미묘한 수준에서 일어나는 일이어서 미처 인식하지도 못합니다. 하지만 자꾸 연습하면 우리가 사로잡힌 것을 좀 더 잘 볼 수 있고, 그것을 해결하려면 항상 현재 순간의 물리적 경험으로 되돌아와야 한다는 걸 배웁니다.

어떤 감정이 존재하는 상태에서 현재 순간에 머무르고자 노력할 때, 사람들이 가로새는 전형적인 길은 감정을 단순히 느끼는 데 머무르지 않고 감정을 바꾸거나 고치려고 애쓰는 것입니다. 우리는 어떻게 해서든 불편한 감정을 피하려 하므로, 그런 저항이 일어나는 건 매우 자연스럽습니다. 우리가 순식간에 '문제 고치기 방식'에 빠진다는 사실을 알게 되는 데 익숙해지려면 시간이 좀 걸립니다. 그리고 그런 경향을 잘 알게 될수록 그것을 그만두는 것도 좀 더 수월해집니다.

그런데 더 교묘하게 현재 순간을 회피하는 다른 방식은 알아보기가 더 어렵습니다. 수행의 가르침에서는 분노 같은 감정이 일어나면 분노를 다른 사람에게 표출하기를 삼가고 분노의 물리적 느낌에 머무르라고 합니다. 이 가르침을 따르려할 때, 분노를 삼가는 수행을 잘못 이해해서 분노를 억제하기도 합니다. 그러면 원치 않는 느낌을 알아차림 하지 못합니다.

하지만 감정을 억제하는 건 결코 건강에 좋지 않습니다. 분노를 억제하면 분노의 부정적 성질이 우리 몸을 오염시킬 수 있기 때문입니다. 분노가 있을 때 이런 식으로 가로새는 성향인 사람은 그 사실을 인식하는 게 중요합니다. 그러면 느끼기 싫은 감정을 억제하는 실수를 피하고자 더 주의를 기울일 수 있습니다.

현재 순간을 벗어나는 다른 유혹적인 방식은 알아차림 자체를 회피 수단으로 이용하는 것입니다. 지금 이 순간이 별로 즐겁지 않을 때, 호흡과 주변 환경이라는 더 넓은 경험에 모든 주의를 빼앗기는 것은 상당히 유혹적입니다. 특히 명상하는 사람은 그런 유혹에 빠지기 쉽습니다. 물론 그것은 잠시 안도감을 주지만, 참행복을 가로막는 것을 제대로 다루기 전에는 참행복을 얻을 수 없습니다. 지금 이 순간이 기분 좋지 못할 때, 그 느낌과 함께 머무르기를 배울 수 있고, '동시에' 더 큰 맥락인 호흡과 주변 환경의 광대함을 알아차림 하기를 배울 수 있습니다. 그렇게 하면 행복을 가로막는 것은 힘을 잃고, 동시에 본질적인 현존하기를 개발할 수 있습니다.

또 많은 사람들이 지금 이 순간에서 가로새는 길은 맨 처음 왜 현재에 머무르기 원했는지 잊어버리는 것입니다. 사실 우리가 원래 목적을 잊는 일은 당연히 일어날 것으로 예상할 수 있을 정도로 자주 일어납니다.

나는 수행 초기에 불안을 느낄 때마다 즉시 '나는 침착해야만 해'라고 생각한 일이 수도 없이 많았습니다. 마치 침착해지는 것 자체가 수행의 목적인 듯이 말입니다. 몇 년 동안 수행을 한 다음에야 마침내 수행의 목적은 단지 현존하는 것임을 더 깊이 이해하게 됐습니다. 침착하든 동요하든, 유쾌하든 불쾌하든 상관없이, 정확히 지금 있는 그대로의 현재에 기꺼이 머무르는 것입니다. 그렇지 않으면 무엇인지 알지도 못하는 것을 피하려 애쓰는 것입니다. 또한 처음 목적을 잊은 채 끊임없이 무엇이든 얻으려 하는 에고의 마음에 무심코 먹이를 주려고 노력할 수 있습니다. 이를테면 '나는 현존할 거야'라고 생각하면서 '나'와 동일시하는 데 얽매이면, 보다 깨달은 삶을 살려는 진실한 열망은 있지만, 거기에 쓸모없는 분투를 덧붙이는 것입니다.

어떤 행동을 삼가는 원래 목적을 완전히 잊어버려서 생각이 기묘하게 왜곡되는 경우가 또 있습니다.

신앙심 깊은 남녀 한 쌍이 다가온 결혼식에 대해 몇 가지를 문의하러 영성 상담가를 찾아갑니다. 예비 신랑이 먼저 묻기 시작합니다.

"저희는 정말로 결혼 피로연에서 춤추고 싶습니다. 괜찮겠지요?"

하지만 상담가는 단호하게 "절대 안 됩니다! 춤은 악마의 유혹입니다"라고 대답합니다.

좀 놀란 예비 신부가 묻습니다. "그럼 섹스는요? 섹스하는 건 괜찮지요?"

상담가가 대답합니다. "그렇습니다. 성경에는 자손을 많이 낳고 번성하라고 쓰여 있습니다."

예비 신부가 재빨리 질문을 이어갑니다. "제가 위에 올라가서 해도 되지요?"

"그렇습니다. 아무 문제 없습니다. 그래도 자손을 많이 낳고 번성할 수 있습니다."

다시 예비 신랑이 질문합니다. "서서 해도 문제 없겠지요?"

대뜸 상담가가 소리칩니다. "결코 안 됩니다!"

"왜 안 된다는 겁니까?" 예비 신랑이 다시 물으니, 상담가가 역정을 내며 대답합니다.

"서서 하다 보면 춤추게 될 수 있단 말이오!"

무엇이든 왜곡하고 애초의 목적을 잊어버리는 너무나 인간적인 경향에 쓴웃음을 지을 수 있고, 자신을 판단하고 꾸짖는 것보다는 웃는 게 분명히 더 낫습니다. 하지만 이런 경향이 자신에게 나타나는지에 주의를 기울여야만 합니다. 그러면 길을 잃고 헤매지 않을 것입니다.

현재 순간에서 가로새는 흔한 경우 또 하나는 자주 쓰이는 말 "그냥 내버려 둬"를 오해하는 데서 비롯됩니다. 해묵은 파괴적 습관이나 힘겨운 감정을 느낄 때, 다른 사람이 우리를 도우려는 선한 의도로 그냥 내버려 두고 잊어버리라는 조언을 하는 일이 많습니다. 그 말은 단순히 어떤 일에 매달리지 말고 놓아 버려야만 한다는 의미입니다. 어쨌든 해로운 묵은 응어리를 계속 품고 있을 필요는 없습니다. 하지만 내버려 두기가 정말 그리 간단할까요? 불필요하거나 해롭다는 걸 알면 정말 쉽게 내버려 두고 잊을 수 있습니까? 사실 삶이 그렇게 수월하다면 우리는 벌써 행복을 가로막는 것을 놓아 버렸을 것이고, 지금 이미 참으로 행복할 것입니다. 확실히 뿌리 깊지 않은 감정이나 습관은 쉽사리 내버려 둘 수 있습니다. 하지만 다루기 어려운 감정과 습관은 그냥 내버려 두기가 거의 불가능합니다.

하지만 보다 현실적인 다른 길이 있습니다. 다루기 어려운 경험을 그저 '있는 그대로 놓아두기'를 배우는 것입니다. 바로 이것이 우리의 경험을 바꾸거나 제거하지 않고 단지 그 경험에 머무른다는 의미입니다. 가슴 중심으로 호흡하면서, 지금 있는 그대로에 머무르기를 배울 수 있습니다. 이것이 지금 있는 그대로 놓아두기의 본질입니다. 또한 그것은 존재 자체에서 비롯된 평정심입니다. 정말 있는 그대로의 현재에 머무르면, 우리는 특별한 존재가 될 필요도 없고 특별히 해야 할 일도 없습니다. 가슴 중심으로 숨이 들어오고 나가면, 그리고 삶을 지금 있는 그대로 놓아두면, 아무것도 그만둘 필요가 없고 참행복을 맛봅니다.

'행위'에 따라 얼마나 활동적이고 생산적인지 따져서 가치 평가를 하는 서양 문화에서는 지금 있는 그대로 놓아두기가 특히 더 어려울 수 있습니다. 서양에서 그냥 '존재하기'라는 개념은 거의 가치가 없고, 대다수 사람에게 좀 낯선 것입니다. 너무 수동적이거나 게으르게 여겨질 수도 있습니다. 그렇지만 현재 순간을 경험하기, 즉 '지금 있는 그대로에 내맡기기'는 실재로 들어가는 입구이고, 지금 그대로의 삶이라는 보다 광대한 경험으로 들어가기 시작하는 것입니다. 그리고 이처럼 보다 넓은 맥락에서 자신을 경험하는 순간마다 우리는 참행복의 본질적 근원을 개발합니다. 이렇게 현존할 때, 헤아릴 수 없이 큰 존재의 기쁨을 누릴 수 있습니다. 그것은 따뜻한 날 시원한 미풍의 감미로움, 보도 위를 구불구불 줄지어 행진하는 개미들의 아름다움, 사랑하는 사람이 침대에서 평화롭게 잠들어 있는 모습의 소중함 등입니다.

물론 지금 이 순간에 내맡기기를 익히는 건 결코 쉽지 않지만, 그것을 조금씩 배울 수 있습니다. 그리고 심하지 않은 감정일 때나 좋지도 나쁘지도 않은 상황에서 현재에 머무르기를 자주 연습하면, 격한 감정이 일어나고 어려운 상황이 닥칠 때에도 현재에 머무르기가 더 수월해집니다. 진정한 물음은 익숙한 것을 기꺼이 포기할 수 있느냐입니다. 행복을 찾으려고 애썼지만 오히려 불만족만 초래한 익숙한 방식들을 포기해야 하는 것입니다. 바로 이 지극히 중요한 점, 즉 우리가 무엇을 해야 하는지 이해할 때에만 선 수행의 가장 근본적 가르침을 기꺼이 따를 수 있습니다. 그것은 될수록 자주 현존하고, 할 수 있는 만큼 오래 현재에 머무르는 것입니다.

6장
세 가지 질문

평정심의 진정한 행복을 누리려면 두 가지를 해야 합니다. 먼저 행복을 가로막는 장애가 무엇인지 인식하고 다루어야 합니다. 그다음에는 행복의 본래 근원을 개발하는 법을 배워야 합니다.

이 둘을 함께 실행할 수 있는 아주 단순하고도 매우 효과적인 방법을 찾아 소개합니다. 그것은 종종 자신에게 세 가지 단순한 질문을 하는 것입니다.

첫째, 바로 지금 나는 참으로 행복한가?

둘째, 행복을 가로막는 것은 무엇인가?

셋째, 지금 있는 그대로에 내맡길 수 있는가?

대체로 나는 참으로 행복하다고 생각합니다. 이따금 면역 질환이 도져서 욕지기가 나고 몹시 아플 때에도 행복합니다. 이런 상태가 며칠 혹은 몇 주 동안 계속될 때에도 대체로 여전히 쾌활합니다. 그 이유는 인생이 내가 원하는 대로 되어야만 한다는 특권 의식에 사로잡혀 있지 않기 때문입니다. 또한 고통이 미래에도 계속된다고 상상하는 두려움에 관심을 두지도 않습니다. 그렇지만 간혹 행복을 가로막는 오랜 습성이 되살아나기도 합니다.

나는 1년이 넘는 동안 무덤덤한 상황부터 가장 심각한 상황까지 모든 경우에 자신에게 세 가지 질문을 했습니다. 매우 흥미롭게도 서로 다른 다양한 상황이 행복을 방해할 수 있었습니다. 또한 놀라운 점은 물리적 실재에 머무르며 현존하려고 노력하면 행복을 방해하는 힘이 약해진다는 것입니다. 그런 효과는 즉시 나타나기도 합니다.

1. 바로 지금 나는 참으로 행복한가?

첫 번째 질문은 단순히 현재 순간 무엇을 느끼는지 아는 것입니다. 불행한데도 그것을 알아차리지 못하는 경우가 참 많습니다. 약간 조바심이 나거나 조금 화가 났을 때는 미세하게 불행합니다. 그런가 하면 불행이 의식 아래 완전히 숨겨져 있어서 겉으로는 편하고 현실에 안주하는 경우도 있습니다.

하지만 편하고 만족하다고 해서 참으로 행복한 건 아닙니다. 무엇을 빠뜨렸는지도 모른 채 인생이 그저 흘러가기 십상입니다. 이 단순한 질문은 우리의 현재 상태를 인식하는 것이며, 두 번째 질문을 일으키는 데 필요한 자극입니다.

2. 행복을 가로막는 건 무엇인가?

두 번째 질문은 답하기가 약간 더 어렵습니다. 이 질문에 답하려면 자신의 경험을 잘 살펴보아서 어떤 생각, 감정, 행위에 얽매여 있는지 알아내야 합니다. 처음에는 자기가 무슨 생각을 하는지, 어떤 감정을 느끼는지 명확히 알 수 없을지도 모릅니다. 자신을 알려는 연습을 좀 해야만 두 번째 질문에 즉시 대답할 수 있게 됩니다. 이 질문에 대한 자신의 반응을 탐구하고 그 목록을 적어 놓는 일기를 쓰면 도움이 됩니다.

두 번째 질문에 "잘 모르겠다"는 대답만 나오기도 합니다. 자신이 무엇에 어떻게 얽매여 있는지 분명히 알지 못하기 때문입니다. 이 경우에는 무엇이 행복을 가로막는지 꼭 집어서 대답할 수 있을 때까지 자주 두 번째 질문을 반복합니다. 자신이 어디에 갇혀 있는지 명확히 알게 되면, 이어서 세 번째 질문을 할 수 있습니다.

3. 지금 있는 그대로에 내맡길 수 있는가?

여기서 내맡긴다는 말은 물러나거나 굴복한다는 의미가 아닙니다. 내맡김이란 우리에게 일어나는 일을 우리가 원하는 대로 바꾸려 하거나 회피하려고 싸우기를 중단한다는 의미입니다. 지금 이 순간의 경험 속으로 완전히 뛰어들어 현재 순간의 물리적 실재에 온전히 머무르는 것입니다. 이것은 5장에서 했던 "지금 이 순간이란 무엇인가?"라는 질문과 유사합니다.

이 세 번째 질문을 하면, 행복을 가로막는 것을 알게 되는 것과 더불어 정확히 지금 있는 그대로의 현재에 머무르는 능력을 개발하게 됩니다. 현재에 머무르기는 참만족을 얻는 데 반드시 필요한 평정심과 감사하는 마음을 자연스럽게 길러 줍니다.

세 번째 질문을 할 때 가슴 중심으로 깊은 숨을 호흡하면 매우 큰 도움이 됩니다. 그러면 즉시 머릿속 생각에서 빠져나와 바로 현재의 경험에 머무르는 상태에서 세 번째 질문에 대답할 수 있게 됩니다. 슬픔이나 불안 같은 불편함을 느낄 때에도 깊은 호흡을 몇 번 하면 그 경험의 물리적 실재 속으로 들어가기를 배울 수 있습니다. 세 번째 질문의 요점은, 불행이 주로 생기고 자라는 머릿속 생각의 영역을 떠나 순수하게 물리적인 현재 순간의 비관념적 경험으로 들어가는 것입니다. 이 과정을 더 명확히 설명하고자 일상생활 속에서 세 가지 질문을 활용하는 법을 살펴보겠습니다.

일상생활에서 세 가지 질문 활용하기

차를 운전할 때

당신이 차를 운전하는데 고속도로 위에 차들이 거의 멈춰 있습니다. 눈길이 닿는 저 앞에 있는 차들까지 움직일 기미도 보이지 않고, 이미 제시간에 도착하긴 틀렸습니다. 교통 정체에 꼼짝하지 못하고 갇혀서 목적지에 언제 도착할지 모른다는 생각에 위장이 조이는 걸 느낄 수도 있습니다.

이때 머릿속에 세 가지 질문이 떠오릅니다. 첫 번째 질문, "바로 지금 나는 참으로 행복한가?" 하고 묻자, 즉시 "아니지!"라는 대답이 머릿속에서 번쩍입니다. 이어서 "행복을 가로막는 건 무엇인가?"라는 두 번째 질문을 합니다. 자신이 경험하는 걸 잘 살펴보니, 지금 당신이 가장 많이 느끼는 것은 분노와 조바심이고, 바로 그것이 행복감을 가로막는 게 분명해집니다.

그다음에 "지금 있는 그대로에 내맡길 수 있는가?"를 물을 때, 먼저 물리적 실재에 자리 잡고자 가슴 중심으로 두어 번 깊은 숨을 쉽니다. 그래서 지금 이 순간에 머무르면, 온몸이 뻣뻣하고 입 주위 근육이 굳어 있으며 눈에 열기가 있음을 느낍니다. 또 머릿속에선 반복되는 소리가 들립니다. "교통 정체에 갇히는 건 정말 싫어!", "빌어먹을!", "이런 일은 왜 나한테만 일어나는 거야!". 하지만 호흡 및 몸의 물리적 경험과 함께 머무르면, 점차 구름이나 기온 같은 주변 환경을 알아차리게 됩니다. 그렇게 지금 이 순간을 좀 더 넓게 알아차리면 앞서 일어난 생각들은 다시 주의를 끌지 못합니다. 그리고 특권 의식을 좀 더 명확히 알아보기 시작합니다. 즉 조바심 내는 감정 반응이 일어나는 까닭은 바로 삶이 당신이 원하는 대로 해 주어야 한다고 믿고, 당신이 그런 불편을 겪어서는 안 된다고 믿는 특권 의식이 있기 때문입니다.

있는 그대로의 현재에 내맡기면 경험이 스스로 변할 수 있습니다. 이는 조바심을 억제하고 인내하려 애쓰는 게 아니라 단지 조바심이라는 경험의 결을 느끼는 것입니다. 그러면 온몸 속으로 이완되는 느낌이 흐르고, 이젠 조바심에 사로잡혀 있지 않음을 알게 됩니다. 깊은 호흡으로 현존하며 자동차, 빌딩, 구름 등 주변 모습을 바라보면, 교통 정체에 갇혀 차에 앉아 있는 그대로 온전히 괜찮다는 사실을 깨닫습니다. 머릿속에 "아무 데도 갈 곳이 없다"는 문구가 지나가고, 당신은 처음으로 그 말의 참된 의미를 이해합니다.

직장에서

어떤 업무 프로젝트를 수행해야 하는데 골치 아픈 문제들이 많습니다. 그래서 자신에 대한 회의를 품기 시작하고, 점차 오랜 자기 회의감과 걱정으로 자신감을 잃을 지경이 됩니다. 기분이 불쾌해지고 온 세상이 오그라드는 듯하고 암울합니다. 이런 익숙한 느낌에 겹쳐서 머릿속에서는 예전부터 들렸던 소리가 다시 반복됩니다. "지난 몇 년 동안 늘 똑같았어. 아무것도 변하지 않을 거야." 인생이 참 암담하다는 생각이 사무치는 와중에 책상 앞에 붙은 쪽지가 보입니다. "세 가지 질문을 하세요."

"바로 지금 나는 참으로 행복한가?" 첫 번째 질문을 하자마자 머릿속 생각이 즉시 대답합니다. "이런 처지에 도대체 어느 누가 행복하겠어?"

그래도 두 번째 질문을 이어 갑니다. "행복을 가로막는 건 무엇인가?" 당신은 상황에 압도되어 있으므로 실제 무슨 일이 벌어지고 있는지 명확히 떠올릴 수 없습니다. 자신이 화나고 침울하다는 걸 인식하고, 모든 게 엉망이라는 느낌과 그렇게 굳게 믿는 마음이 행복을 방해한다는 결론에 이릅니다.

이 과정이 얼마나 도움이 될지 아직 확실히 모르지만, 내면의 어떤 것이 자유로워지기 원하므로, 이어서 세 번째 질문을 합니다. "지금 있는 그대로에 내맡길 수 있는가?"

가슴 중심으로 깊은 숨쉬기를 하자마자 가슴이 짓눌리는 듯한 느낌이 옵니다. 목과 어깨는 잔뜩 긴장되어 있고 입술은 굳게 다물려 있습니다. 계속 가슴 중심으로 호흡을 따라갈 때 한 생각이 자꾸 의식 표면에 떠오르는 것 같습니다. "나는 아무 짝에도 쓸모없어." 처음에 느꼈던 불쾌함이 이제는 점점 더 슬픔처럼 느껴집니다. 몸속 느낌의 질감과 함께 머무르고자 노력하면서, 들숨 때 가슴 중심으로 그것을 들이쉽니다.

몇 분 후 더 이상 견딜 수 없을 것 같아서 바쁘게 책상을 정리하다가 얼핏 창밖을 내다봅니다. 푸른 하늘이 보이는데, 문득 현재에 머무르라는 가르침이 생각납니다. 그래서 얼른 호흡과 몸의 느낌으로 되돌아옵니다. 다소 진정됨을 느끼자마자 알아차림을 확장하여 방의 공간감을 느끼고 창밖의 하늘을 봅니다. 자신이 쓸모없다는 반복되는 생각에 얽매이지 않으려 노력하면서, 몸과 주변 환경의 물리적 경험에 머무르기를 계속합니다.

잠시 후 호흡은 더 깊고 차분해지고, 자신이 기대에 미치지 못할 것이라는 자기 판단에 사로잡혀 있다는 사실을 퍼뜩 인식합니다. 하지만 자기 판단을 있는 그대로 명확히 볼 때, 그것은 우리를 괴롭힐 수 있는 힘을 잃게 됩니다. 단지 생각일 뿐! 자기 판단의 생각이 아직 남아 있어도 이제 이전처럼 그것을 믿지 않고, 가슴을 짓누르던 느낌과 암담함도 곧 사라집니다. 이제 자신에게 다시, 지금 여기서 행복한지 물으면, 행복하다고 대답하기를 주저하면서도 자신이 참된 평정심을 느끼고 있음을 알게 됩니다.

인간관계에서

당신은 어떤 사람과 좋을 때도 있고 나쁠 때도 있는 사이입니다. 어느 날 의견 충돌이 생겼는데, 그 사람이 당신의 명치를 찌르는 듯한 심한 말을 합니다. 당신은 그 비판이 정당하지 못하다고 믿고 적극적으로 자신을 변호합니다. 하지만 곧 분노가 더 커지고, 금방이라도 감정이 폭발할 것 같습니다. 다행히 당신은 잠시 휴식 시간을 가지는 데 동의하지만, 혼자 남게 되자 아직도 내면에서 분노가 끓어오릅니다.

이때 세 가지 질문을 기억하고, 또 대답이 너무 뻔해 보여도 첫 번째 질문을 생략하면 안 된다는 가르침도 떠올립니다. "바로 지금 나는 참으로 행복한가?" 그런데 첫 번째 질문을 하니, 아직 불행하다는 생각이 나지 않았다는 걸 알고 좀 놀랍니다. 분노가 머릿속을 꽉 채워서 다른 생각이나 감정을 인식할 여지가 전혀 없었던 것입니다.

"행복을 가로막는 건 무엇인가?" 두 번째 질문에 제일 먼저 떠오르는 건 당신이 매우 화나 있다는 사실입니다. 그래서 아무래도 긍정적 결과가 나오지 않을 것 같아 "지금 있는 그대로에 내맡길 수 있는가?"라는 세 번째 질문을 하고 싶지 않을 수도 있습니다. 그런데 두 번째 질문을 할 때 어렴풋이 알게 됩니다. 세 번째 질문을 꺼리는 이유는 자신이 옳기를 원하고 화난 채로 있기를 원하기 때문입니다. 그리고 설령 그것이 분명히 참행복을 가로막을지라도 자신이 원하는 것을 결코 포기하지 않으려고 하는 걸 알게 됩니다. 이 깨달음에 깜짝 놀라서, 그 충격이 가라앉기를 기다린 후, 세 번째 질문을 이어 갑니다.

지금 있는 그대로에 머무르라는 가르침에 따라, 먼저 가슴 중심으로 몇 번 깊은 숨을 쉽니다. 그러고 나서 열감과 긴장감, 온몸을 흐르는 폭발할 것 같은 에너지, 꽉 움켜쥔 주먹과 굳게 다물린 입술 등 구체적인 몸의 감각에 집중합니다. 하지만 상대를 비난하고 자신은 옳다는 생각이 계속 강하게 일어나서 이런 몸의 느낌과 함께 머무를 수가 없습니다. '내가 옳다'는 생각에 매달려 있을 때는 짜릿한 흥분과 권력을 휘두르고 싶은 유혹을 느낄 수 있습니다. 그래서 그런 생각에 빠지는 걸 그만두려고 무진 애를 씁니다. 상대를 비난하는 생각이 일어날 때마다 결연히 거기서 빠져 나와 몸의 물리적 경험에 머무릅니다. 단지 여기 있는 지금 이 순간을 인식하고 경험하며 왜가 아니라 무엇에 집중하는 것입니다.

폭발할 듯한 분노의 에너지가 가라앉기 시작하자, 한 층 더 깊이 들어가서, 보다 다치기 쉬운 감정인 상처와 슬픔을 경험하는 걸 인식합니다. 비난과 자신이 옳다는 생각은 이제 그리 강하지 않지만, 여전히 언제든 당신의 주의를 낚아채려고 위협합니다. 그래서 그 생각이 다시 시작될 때마다, 그 생각을 그만두고 몸의 감각에 머무르기로 되돌아옵니다. 잠시 후 다시 한 층 더 깊이 들어가서 두려움을 경험합니다. 특히 거부당하고 혼자 남겨지는 두려움입니다. 하지만 계속해서 가슴 중심으로 호흡하면서, 들숨 때 두려움의 물리적 감각을 가슴 깊이 받아들입니다.

또 주변 환경으로 알아차림을 확장하라는 가르침을 기억하고, 외부에서 들려오는 소리나 방의 조명 같은 환경을 알아차림 합니다. 이렇게 좀 더 확장된 알아차림에 머무르자 두려움을 느끼는 일이 줄어들기 시작합니다. 아주 없어진 건 아니지만, 이제 자신만 옳다는 생각에 매몰되어 있지 않고, 당신을 비난했던 사람도 아마 당신 못지않게 고통스럽다는 걸 알게 됩니다. 차차 몸의 긴장이 풀어지면서, 상대방은 물론 자기 자신에게도 자비심을 느낍니다.

그때 다시 한 번 가슴 중심으로 호흡하는데, 무언가 활짝 열리고, 생생한 알아차림을 느낍니다. 분노와 두려움의 찌꺼기가 아직 남아 있지만, 그런 감정이 곧 자신인 것은 아니라는 사실을 뚜렷이 압니다. 분노와 두려움의 에너지가 변형되었고, 훨씬 광대한 지금 있는 그대로의 삶을 경험합니다.

할 일이 없을 때

당신은 어느 정도 만족감을 느끼고 있고, 잘못된 일은 없어 보입니다. 유일한 문제는 지금부터 두 시간 동안 아무 할 일이 없는 겁니다. 늘 바쁘게 일했던 당신은 금방 내면에 매우 불편한 공허를 느끼기 시작합니다. 마음이 걱정스레 묻습니다. "이젠 뭘 하지?" 컴퓨터를 켜고 온라인 게임을 시작하자 얼마 지나지 않아 게임에 푹 빠집니다. 그런데 자신이 마치 영원히 살 것처럼 인생을 흘려보내며 시간을 때우고 있다는 것을 마음속에서 어렴풋이 압니다. 하지만 컴퓨터 게임을 하면서 자극받아 분비된 신경전달물질이 몸속으로 퍼지면, 잠깐 동안의 뉘우침은 순식간에 사그라져 버립니다.

그러다 문득 세 가지 질문을 하기가 생각납니다. "바로 지금 나는 참으로 행복한가?" 대답이 금방 나옵니다. "물론이지." 당신은 컴퓨터 게임의 중독성 매력에 쏙 빠져서, 방금 전 아무 할 일이 없다는 괴로운 공허감으로 불안했던 느낌이 다시 의식 표면에 떠오르지 않습니다. 그런데 잠깐 멈추어 자신의 마음을 더 깊이 들여다보게 됩니다. 정말 행복한지, 아니면 단지 컴퓨터 게임에 중독되어 뜨뜻미지근한 자기만족에 빠져 있는 건 아닌지 의아스럽습니다. 만약 컴퓨터 게임을 중단하면, 즉시 조금 전에 느꼈던 불안한 공허함이 다시 찾아올 것이라는 사실을 깨닫습니다. 컴퓨터 게임을 할 때 느끼는 '행복'은 단지 잠깐 동안의 '땜질'에 불과한 것입니다.

이제 당신은 첫 번째 질문에 대답한 것을 바꿉니다. "나는 지금 행복하지 않아." 그리고 내키지 않지만 어찌어찌 두 번째 질문을 합니다. "행복하지 못하게 가로막는 건 무엇인가?" 이내 당신은 불편하고 어찌할 바를 모릅니다. 다시 컴퓨터 게임에 매달리거나 다른 어떤 것이라도 몰두할 것을 찾고 싶어 안달합니다.

그렇지만 조금 더 멈추어서, 숨겨진 문제를 알게 됩니다. 즉 내면에서 점점 커지는 불안감을 무의식적으로 덮어 버리려 하고 있습니다. 일단 그것이 명확해지자, 곧 이어 단지 컴퓨터 게임만이 아니라 사업, 과식, 청소, 계획하기, 음주 등 모든 중독 행위는 참평정심에 도달할 여지를 가로막는다는 사실이 분명해집니다. 왜냐하면 중독 행위는 내면의 핵심에 잠재해 있는 불안을 온전히 경험하지 못하게 방해하기 때문입니다. 그러면 불안에서 완전히 벗어날 수 없습니다.

다음에 "지금 있는 그대로에 내맡길 수 있는가?" 세 번째 질문을 하는데, 어떻게 대답해야 할지 모릅니다. 하지만 먼저 가슴 중심으로 깊이 호흡하기로 시작하는 걸 기억합니다. 이어서 구체적인 몸의 물리적 감각에 집중합니다. 좀이 쑤시는 느낌, 위장과 가슴이 꽉 죄는 불편함, 어떤 것을 '하려는' 몸의 욕구가 느껴집니다. 이렇게 몸의 느낌을 더 알아차릴수록 머릿속 생각은 벗어나고 싶어 소리칩니다. "이번엔 또 뭐야? 뭐든 '해야' 된단 말이야!"

하지만 그보다 더 나직한 내면의 목소리가 그저 머물러 있으라고 일깨웁니다. 그래서 당신은 중독의 유혹을 마다하고 물리적 불편함과 함께 머무릅니다. 그리고 그 물리적 불편함이 모든 중독 행위의 뿌리에 있다는 것이 점점 더 명백해집니다.

불편함과 함께 머무르는 건 어렵습니다. 머릿속 생각은 몸의 느낌을 피하려고 끊임없이 내달립니다. 주로 왜 그렇게 느끼는지 분석하려 애쓰지요. 하지만 당신은 가슴 중심으로 호흡하고 몸의 물리적 경험으로 계속 돌아옵니다. 그리고 어느 순간 주변 환경으로 알아차림의 범위를 확장하기를 떠올립니다. 방의 공간감이나 바깥에서 들리는 자동차 소리 등을 느끼는 겁니다. 이제 알아차림은 내부인 몸의 감각과 외부인 주변 환경의 물리적 실재 사이를 오가고, 우울한 기분은 점차 홀가분해집니다. 그리고 불현듯 힘들여 싸울 필요가 없다는 깨달음이 찾아옵니다. 반드시 해야 하는 일은 없다는 깨달음입니다. 분투, 중독된 갈망, 신경을 긁는 불안을 어떤 행위나 물건으로 채워야 하는 욕구 등의 충동을 따를 필요가 없다는 사실이 명백해집니다. 중독의 유혹이 꽤 끈질겨도 거기 끌려갈 필요가 없다는 깨달음에서 자유로움을 느낍니다. 단지 정확히 지금 있는 그대로의 현재에 머무르면, 자연히 더 참된 행복을 경험하기 시작하는 걸 알게 됩니다.

세 가지 질문 하기의 결론

위의 예들은 나 자신과 다른 사람들의 경험을 엮은 것입니다. 실제로는 며칠에 걸쳐 일어난 일도 있습니다. 세 가지 질문에 대답하는 데 특별히 정해진 공식은 없다는 것을 명심해야 합니다. 세 가지 질문에 대답하기는 마치 인생을 사는 것처럼, 꽉 짜인 규칙을 따르는 것보다 일종의 예술에 가깝습니다. 하지만 세 가지 질문에 대답할 때 일반적으로 도움이 되는 몇 가지 지침이 있습니다.

그것은 인식하기, 그만두기, 머무르기 등 세 가지로 요약될 수 있습니다. 첫째, 자신이 무엇을 하고 있는지 인식해야 합니다. 즉 내가 무엇을 생각하고 느끼는지 알아야 합니다. 둘째, 습관적 생각과 판단 그리고 강박적 행위를 그만두어야 합니다. 마지막 셋째, 현재 순간의 물리적 경험에 머물러야 합니다. 가슴 중심으로 하는 호흡, 특정한 몸의 감각 그리고 더 확장해서 주변 환경의 더 광대한 경험을 느끼면서 현재 순간에 머무르는 겁니다. 지금 이 순간에 머무르면, 다시 말해 지금 이 순간에 내맡기면, 마침내 근본적 변화가 일어날 수 있습니다.

무엇이든 자꾸 연습하면 잘할 수 있게 되므로, 하루를 잡아 종일 계속해서 세 가지 질문을 하고 자신이 어떻게 대답하는지 느껴 보는 게 도움이 될 수 있습니다. 하루 동안 인내심을 가지고 꾸준히 노력하는 게 중요합니다. 그렇다고 지나치게 엄격할 필요는 없습니다. 너무 심각하지 않고도 진지하게 노력할 수 있습니다. "반드시 해야만 한다"며 자신을 심판하는 마음에 사로잡히지 않고도 온화한 태도로 노력할 수 있습니다. "더욱 지금 이 순간에 머물러야만 해"라는 엄격한 자기 판단은 필요 없습니다.

보다 참되게 살고 싶다는 염원에 충실하다면 이 과정을 망칠 일은 없습니다. 분명히 우리가 지금 이 순간으로부터 가로새는 일이 많을 겁니다. 불편을 견디지 못하고 거듭 외면하고 싶기 때문입니다. 하지만 가로샐 때마다, 현재의 불편을 외면할 때마다, 제자리로 돌아오려면 단지 가슴 중심으로 깊은 호흡을 한 번 하면 됩니다. 어느 현자가 말했습니다. "할 만한 가치가 있는 일이라면 어설프게 해도 가치가 있다."

완벽하려는 이상주의를 단념하고, 너무 심각하지 않게 그저 지금 할 수 있는 만큼 온 힘을 쏟을 수는 없을까요? 세 가지 질문을 하고, 유일하게 그 순간 우리가 할 수 있는 대답을 하려 하면 참행복이라는 실재를 향한 문이 열립니다. 그것은 상상 속에서도 가능하리라고 짐작하지 못했던 실재입니다.

7장
감정에서
자유로워지기

　　참으로 행복해지는 데 가장 극복하기 어려운 장애물은 분노, 두려움, 절망 등 분열을 일으키는 감정 반응입니다. 그런데 바로 이 감정 반응을 이용해서, 오그라진 자기중심적 '나'만의 세계에서 벗어나 참만족의 평정에 이르는 변형을 촉진할 수 있습니다.

　　수행 과정에서 조만간 우리가 원하는 것과 있는 그대로의 현재 사이에서 피할 수 없는 갈등을 다루어야만 합니다. 이 갈등으로부터 단절하는 감정 반응과 많은 불행이 생겨납니다. 이처럼 우리가 원하는 걸 삶이 주지 않아서 충돌이 생길 때, 감정 반응이 매우 격렬히 일어날 수 있고, 그 와중에 기분은 정말 엉망이 됩니다. 그때 우리는 정말 생각하는 능력을 잠시 잃어버린 듯하고, 어느새 오랜 파괴적 습성에 빠집니다. 감정을 남에게 쏟아붓거나 기분이 더럽다고 판단하거나, 정반대로 우리의 경험을 아예 전부 억제합니다..

이런 부정적 습성에 사로잡혀 있을 때, 분명히 우리는 자신에게서 단절되어 있습니다. 이런 습성이 제멋대로 일어나게 할 때마다 가슴 위에 또 한 겹의 갑옷이 덮이고, 그 결과 단절감의 불행이 증가합니다.

삶에서 원하는 모든 걸 얻을 수 없으므로, 이 어두운 면을 늘 피할 수는 없습니다. 하지만 그 경험을 변형의 기회로 활용하는 법을 배울 수 있습니다. 분열을 일으키는 감정 반응을 직접 다루기를 배우는 게 핵심입니다. 즉, 마치 독을 꿀로 바꾸는 것처럼, 수행함으로써 어둡고 부정적인 에너지를 변형의 에너지로 바꿀 수 있습니다. 그렇게 해서 감정에 얽매지 않을수록 내적 자유의 행복을 누릴 여지가 더 많아집니다.

힘든 감정을 기꺼이 맞아들이기

감정을 다룰 때는 감정이 행복에 장애가 된다는 생각을 반드시 버려야 합니다. 거의 항상 우리는 기분 나쁘게 느껴지는 감정을 정말 나쁘다고 판단합니다. 그래서 기분 나쁜 감정을 정복하고 근절해야 하는 적으로 여깁니다. 적어도 기분 나쁜 감정을 그리 불편하지 않게 느껴지도록 바꾸고 싶어 합니다. 하지만 수행의 관점에서 보면, 사실 그런 태도는 거꾸로 된 것입니다. 부정적인 감정은 행복의 장애물이 아니고 우리의 적도 아닙니다. 실제로 우리가 의식적으로 다루면 부정적인 감정은 평정의 참행복에 이르는 바로 그 길입니다.

자신의 분노와 두려움을 직면해야만 할 때처럼, 우리가 원하지 않지만 가장 얽매여 있는 곳을 다루어야만 할 때, 우리의 집착의 근본 원인에 도달할 수 있는 완전한 기회를 얻은 것입니다. 바로 이런 까닭에 부정적 감정을 환영하고, 내면으로 초대하고, 수행의 길로 여겨야 한다고 거듭 강조하는 것입니다. 대개 기분 좋은 경험에만 환영하는 마음을 느끼지만, 불교 수행에서는 기분 나쁜 경험이나 원치 않는 경험까지 포함해서 일어나는 모든 것을 기꺼이 맞아들이기를 권합니다. 왜냐하면 그런 경험을 직면해야만 그것에 지배당하지 않고 자유로워질 수 있음을 이해하기 때문입니다. 그것을 환영할 때, 부정적 경험은 지금 있는 그대로의 우리를 지배할 수 없습니다.

내게 가장 도움이 되는 방법은 내가 경험하는 모든 것에 "그래"yes라고 말하기입니다. "그래"라고 말하기는 일어나는 경험을 무조건 좋아한다는 의미가 아닙니다. 지금 있는 그대로에 흥미를 가지는 것이고, 적극적으로 느끼고자 하는 것입니다. 또한 기꺼이 다른 관점에서 나의 경험을 보려 한다는 의미입니다. 자신의 경험을 장애로 여기지 않고, 자유를 얻는 바로 그 길로 보는 것입니다. 예를 들어 두려움에게 "그래"라고 말하는 건 두려움을 초대해서, 내 삶에서 일어나는 현재 순간의 경험으로서 느끼려 한다는 의미입니다. 그때 두려움에 대해 생각하지 않고, 분석하지 않고, 아무것도 하지 않습니다. 단지 지금 있는 그대로에 내맡기는 것입니다. 이것은 일반적으로 하듯이 두려움을 밀어내는 것과 어떻게 다를까요? 감정을 기꺼이 맞아들이고 "그래"라고 말하면 감정을 적으로 여기는 데서 벗어날 수 있고, 실제로 감정과 친구가 될 수 있습니다. 이것만으로도 상당히 기운이 납니다.

분노나 두려움이 일어날 때, "안 돼!"라고 생각하는 대신 "그래! 다시 왔군. 이번엔 어떻게 느껴질까?"라고 말하기를 기억할 수 있습니다. 이렇게 호기심을 일으키면 침울함과 공포가 탐구와 발견의 자연스러운 흥분으로 바뀝니다.

부정적 감정을 수행의 과정으로 받아들이기를 배우는 건 쉽지 않습니다. 깊은 습성이 일어날 때는 특히 더 어렵습니다. 종종 우리는 오랜 습성에 따라 반응하는 데 얽매여 있지만, 인이 박인 습성도 우리를 지배하는 힘을 잃을 수 있습니다.

나는 태평양에서 꽤 가까운 곳에 살아서, 건강할 때는 언제나 부기보드 타기를 좋아했습니다. 그런데 아직도 파도에 들어갈 때는 늘 오랜 두려움에서 비롯된 습성을 다루어야만 합니다. 아틀랜틱 시에서 자란 나는 여름이면 거의 매일 바다에서 살다시피 했습니다. 거의 익사할 뻔했던 일이 두 번 있었는데, 그때 겪은 공포가 깊은 본능적 영향을 주었습니다. 또 어렸을 때 허리케인을 몇 번 목격했는데, 한번은 허리케인이 널빤지로 만든 산책길을 말 그대로 갈가리 찢어 버렸습니다. 바다의 파괴력은 직접 보고도 믿기 어려울 정도로 엄청났습니다. 그때부터 바다에 갈 때는 나도 모르게 언제나 깊은 습성이 된 두려움과 무력감의 기억이 되살아났습니다.

부기보드를 타러 갈 때, 특히 큰 파도가 몰려오면, 위가 본능적으로 긴장하고 머릿속에 말없이 "위험해!"라는 경고등이 번쩍거립니다. 만약 내 마음이 경고하는 걸 듣는다면 나는 절대 바다에 가지 않겠지요. 아니면 반대로 파도 속으로 뛰어들며 "더 강해져야지"라고 스스로 다짐할지도 모릅니다. 두려움을 물리치고 없애 버리기를 바라는 겁니다. 하지만 그것은 진짜 강한 게 아니고 두려움을 제대로 다루는 것도 아닙니다.

그래서 나는 위험을 느끼는 불편한 감정이 일어날 때 "그래"라고 말하기를 배웠습니다. 이것은 더 강해지고 두려움을 물리치려 애쓰는 것과 같지 않습니다. "그래"라고 말하기는 단지 지금 있는 그대로 두려움을 기꺼이 맞아들이고, 두려움이 어떻게 느껴지는지 궁금해하고, 두려움에 내맡기는 것입니다. 또한 두려움을 제거하려 애쓰지 않고 두려움이 나와 나의 행위를 지배하지 못하게 함으로써, 적극적으로 두려움을 자유로 향하는 길로 여기는 것입니다.

두려움을 친구 삼으면 실제로 있는 그대로의 두려움과 관계 맺을 수 있습니다. 이것이 친절함으로 두려움과 관계 맺을 수 있는 자애심 수행의 핵심입니다. 즉 우리의 감정을 우리에게 결점 혹은 잘못이 있다는 증거로 보지 않고, 단지 인간적인 것에 대한 온화한 관용의 태도로 두려움과 관계 맺기를 배웁니다. 그러므로 지금은 바다에 가서 파도 속에서 보드를 탈 때 배 속에 죄는 느낌이 있더라도, 대체로 음침하고 위축된 두려움을 벗어났을 뿐만 아니라 놀랍도록 가볍고 즐거운 경험인 때가 많습니다.

힘겨운 감정 환영하기를 익히고, 실제로 힘겨운 감정이 내면의 자유로 향하는 길임을 이해하는 것은 단절하는 감정 반응을 다루는 데 반드시 필요합니다. 힘겨운 감정에 머무르려 할 때, 그 순간 우리가 믿고 있는지도 모르는 확고한 신념을 확인하는 것도 중요합니다. 감정 반응에 사로잡혀 있을 때는 언제나 틀림없이 우리가 명확히 인식하지 못하는 신념이 작용하고 있기 때문입니다. 그 신념은 감정에 먹이를 주고, 틀림없이 우리를 감정에 얽매여 있게 합니다. 그러므로 우리의 신념을 명확히 드러내고자 "이건 어떻게 되어야만 하는 거지?"라고 질문할 수 있습니다. 그것은 우리 마음속에 숨겨진 기대를 보여 줍니다. 또는 "나의 가장 큰 신념은 뭐지?"라고 질문할 수도 있습니다. 설령 가장 깊은 신념을 알아내지 못하더라도, 적어도 전에는 미처 알아차리지 못했던 자신의 생각을 알게 되고 이름 붙일 수 있을 것입니다.

그 생각은 대개 힘겨운 감정을 느끼지 못하게 하고, 진실로 거기 머무르려는 노력을 가로막습니다. "이건 부당해", "대체 내게 무슨 일이 생길까?". 이런 생각은 그리 심각해 보이지 않을지도 모르지만, 그것이 감정 반응을 확고히 하는 힘을 과소평가하면 안 됩니다.

최근 내가 지도했던 선 수련회의 마지막 날 아침에 잠이 깼을 때 매우 침울함을 느꼈습니다. 우울한 기운을 느끼게 하는 일은 전혀 일어나지 않았지만, 그 침울함은 매우 심했습니다. 머릿속에서 "인생은 황량해", "아무런 희망도 없어" 같은 전형적인 불길한 생각이 내달리기 시작했고, 그 생각을 도저히 억누를 수 없었습니다. 그때 스스로 세 가지 질문을 했고, 행복을 가로막는 게 무엇인지 두 번째 질문을 했을 때, 내가 믿는 생각에 사로잡히는 것은 행복을 가로막을 뿐만 아니라 지금 이 순간의 경험에 머무르기를 방해한다는 사실이 분명했습니다. 그런데 그 신념이 강한 만큼이나 분명히 진실이 아니라는 것도 잘 알았습니다. 그리고 그 신념이 단지 생각일 뿐임을 명확히 알고 나서 거기서 벗어날 수 있었습니다. 그 생각은 여전히 남아 있었지만 "지금 있는 그대로에 내맡길 수 있는가?" 세 번째 질문을 하자, 그 생각을 그냥 흥미롭게 지켜볼 수 있었습니다.

여기서 가장 흥미로운 점은 조금 전에는 그 생각이 도저히 억누를 수 없을 만큼 강했다는 것입니다. 그리고 수행을 한다 해도 암울한 구름 같은 생각이 일어나지 않고 우리를 사로잡지 않을 것이라고 기대할 수는 없다는 사실이 다시 떠올랐습니다. 그 반면에, 그 생각이 남아 있어도 그것을 믿기를 중단하면 평정심을 경험할 수 있음이 분명해졌습니다. 그런 신념은 맞서 싸우거나 판단하지 않고 단지 명확히 지켜보면 힘을 잃습니다.

때때로 좋았다 나빴다 하는 감정을 수년간 관찰하면, 부정할 수 없는 결론에 이르게 됩니다. 우리가 고정되고 영원한 자아라고 여기는 관점은 가장 깊이 인이 박인 환상이라는 것입니다. 보다 사실적인 관점은 우리는 수많은 '나'가 모인 복합체라는 것입니다. 어느 순간 삶이 너무 버겁고, 도무지 어찌할 바를 모르겠다고 굳게 믿을 수 있습니다. 그런데 10분 후에는 모든 게 잘되고 있다고 느낄 수도 있습니다. 그런가 하면, 어느 날 불안하고 언짢은 기분으로 잠을 깨고 그런 '나'가 현실을 바라보는 시선을 온통 물들입니다. 하지만 조금 후에는 이전의 '나' 대신 똑같이 사실이고 진짜 같아 보이는 다른 '나'가 등장합니다. 우리가 느끼는 다양한 감정은 그중 어떤 '나'가 등장하는가에 따라 결정된다는 사실을 이해하면, 한 걸음 물러나기를 배울 수 있습니다.

내가 좋아하는 수행은 "어떤 느낌이다" 수행입니다. 내가 여러 '나' 중 하나를 믿고 있는 것을 간파할 때마다 이 수행을 합니다. 즉 "나는 화가 나" 혹은 "나는 영 기분이 엉망이야" 라고 생각하거나 말하는 걸 인식하면, 언제나 주어에서 '나'를 빼고 "화가 나" 혹은 "기분이 엉망이야"라고 바꿉니다. 일종의 이름 붙이기인데, 이렇게 단순히 말을 바꾸는 것은 즉시 나의 관점을 더 넓게 변화시킵니다. 그러면 특정한 '나'를 실상으로 여기고 거기에 매몰된다고 느끼지 않게 됩니다. 우리가 많은 '나'로 이루어져 있음을 이해하고, 각각의 '나' 대신 '어떤 느낌'을 주어로 해서 이름 붙이면 한결 홀가분함을 느낄 수 있고 감정에서 자유로워지는 맛이 증가합니다.

생각을 지켜보고 이름 붙이기를 하면, 생각과 동일시하기를 멈출 수 있고, 생각은 객관적 사실이 아님을 인식할 수 있게 된다는 것을 이 수행은 보여 줍니다. 그런데 생각이 너무 확고해서 단지 지켜보는 것만으로는 부족할 때가 있습니다. 감정에 연관된 생각이 몹시 강할 때는 다른 노력이 필요합니다. 이런 경우는 가만히 관찰하기를 잠시 잊고, 대신 단호히 칼을 사용해야만 할 수 있습니다. 강박적 생각이 일어날 때마다 "그만!"이라고 말하는 것입니다. 그다음에 다시 감정의 에너지가 온몸을 흐르는 것을 느낍니다. 설혹 이것을 수백 번 반복해야 할지라도 중독의 악순환이 멈출 때까지 생각 중단하기를 계속합니다. 그래서 생각의 힘이 압도적이지 않게 되었을 때, 다시 단순히 지켜보기를 할 수 있습니다.

이렇게 생각을 끊어 버리는 방법은 꼭 필요한 경우가 아니라면 권하고 싶지 않습니다. 하지만 때로는 이것만이 유일하게 효과적인 방법이므로, 잘 기억해 두는 게 좋습니다.

부정적 감정 반응을 다루는 건 골치 아픈 일이고, 수월한 경우가 거의 없다는 것을 확실히 알아야 합니다. 내면의 감정은 때로 매우 혼란스럽기에, 어떻게 대처해야 하는지 분명하지 않을 수도 있습니다. 이때 세 가지 질문 하기가 매우 도움이 됩니다. 왜냐하면 세 가지 질문은 바로 우리가 가야 할 곳으로 한 단계씩 안내해 줄 수 있기 때문입니다. 첫 번째 질문 "바로 지금 나는 참으로 행복한가?"는 불필요해 보일지도 모르지만, 실제로 우리가 무엇을 느끼는지 알아차리지 못하는 경우가 얼마나 많은지 알게 되면 놀랄 것입니다. 두 번째 질문 "행복을 가로막는 건 무엇인가?"도 반드시 필요합니다. 우리가 어디에 얽매여 있는지 명확히 알기 전에는 그것을 효과적으로 다룰 수 없기 때문입니다. 세 번째 질문 "지금 있는 그대로에 내맡길 수 있는가?"는 변형 과정의 핵심입니다. 세 번째 질문에 답하기 시작할 때, 먼저 힘겨운 감정을 수행의 길로서 환영해야 한다는 것을 기억하는 게 좋습니다. 그 후 우리가 믿는 생각이 무엇인지 명확히 봅니다. 이때, 확실히 어렵긴 해도, 지금 이 순간의 물리적 경험에 머무르기가 훨씬 수월해질 수 있습니다.

가장 암울한 순간에

하지만 감정이 너무 압도적이어서 어떻게 해도 벗어날 수 없는 경우도 있습니다. 그 암울한 순간에는 세 가지 질문을 하는 것조차 소용이 없을지도 모릅니다. 깊은 슬픔, 두려움, 절망에 빠진 그런 때에는 가슴에서 한없이 단절된 것으로 느껴집니다. 또 자기 자신을 가장 가혹하게 판단하고 자신이 실패자라고 굳게 믿습니다.

그런데 이렇게 가장 암울한 때에도 우리가 할 수 있는 것이 있습니다. 가슴 중심으로 깊은 호흡을 한 번 하는 것입니다. 그러면 아마도 하나의 생각을 인식할 수 있습니다. 또는 하나의 감각을 느끼거나 주변을 알아차릴 수 있습니다. 그러면 이어서 가슴 중심으로 한 번 더 호흡할 수 있습니다. 호흡을 통로 삼아 고통과 낙담의 감각을 곧장 가슴 중심으로 숨 쉴 수 있습니다. 그래서 가슴 중심으로 호흡을 한 번 할 때마다 느끼는 감각에 우리를 열 수 있고, 천천히 낙담이 스러지면 단절되었던 가슴에 다시 연결될 수 있습니다.

자신에 대한 자비가 거의 없는 가장 암울한 순간에 가슴으로 호흡하기는 그 자체가 자비의 행위입니다. 깊은 개인적 고통에 우리를 여는 과정 자체가 인간으로 존재하기의 보편적 고통에 우리를 열어 줍니다. 감정을 가슴 중심으로 호흡하면 감정에서 비롯된 생각의 유혹하는 힘이 약해지고, 갇혀 있거나 외롭다고 느끼지 않습니다. 설령 고통이 남아 있어도 광대한 가슴의 치유력을 맛볼 수 있습니다. 그러면 다시 기본적인 현존하기 수행으로 돌아올 수 있습니다.

나는 50대 초반 3년 동안 매일 새벽 3시에서 5시 사이에 잠이 깨고 불안이 그치지 않았습니다. 내 생각은 일, 건강, 인간관계 등 하나에서 다른 하나로 건너뛰었고, 생각이 닿는 데마다 불안을 느꼈습니다. 처음엔 분명히 나를 불안하게 하는 일 탓에 새벽에 잠을 깨는 것 같았지만, 얼마 후 내 생각이 맴도는 일은 잠을 깨는 원인이 아니라는 사실이 확실해졌습니다. 그건 단지 이미 타고 있는 불에 기름을 더 부은 것뿐이었습니다. 그런데 어느 순간 나는 포괄적인 생각을 지어냈습니다. 머릿속에서 맴도는 다양한 생각에 "지금 통제 불능이고, 통제해야만 한다고 믿고 있다"고 이름 붙이는 것입니다. 다시 생각의 쳇바퀴에 사로잡히지 않을 때까지 이렇게 생각에 이름 붙이기를 조용히 반복했습니다.

이 방법이 도움이 되었지만, 불안의 물리적 경험은 여전히 매우 강했습니다. 나는 애써서 잠자리에서 일어나고, 명상을 하려고 노력했지만, 다시 침대로 돌아가 누우면 여전히 불안이 남아 있었습니다. 어떤 경우는 불안이 너무 심해서 가만히 누워 있을 수도 없었습니다. 때로는 피부 바깥으로 뛰쳐나가고 싶다는 충동이 일어날 정도였습니다. 이런 밤이 며칠이고 계속되자 나는 점점 매우 의기소침해졌습니다. 피곤하고 불안한 데다가 여러 해 동안 수행한 명상이 아무런 도움이 되지 못하는 것처럼 보였기 때문입니다. 과거에 꽤 좋은 성과를 보였던 여러 수행법도 소용없었습니다. 마침내 밤에 깨는 것을 두려워하게 되었습니다. 2시간 동안 고문받는 것 같은 고통을 겪어야 했기 때문입니다.

그런데 이상한 일이 일어났습니다. 어느 날 밤 딜런의 노래를 듣고 있었는데, 가사에서 이런 구절이 귀에 들어왔습니다. "가장 어두운 시간은 새벽 직전이라고들 말하지."

이건 상투적인 말이었지만, 그 노래를 듣는 순간 머릿속에 번쩍 불이 들어왔고, 그 가사가 의미하는 진실을 깨달았습니다. 과거에 가장 암울했던 순간이 마침내 가장 밝은 순간으로 이어지는 경험이 얼마나 많았던가. 나는 그걸 잊고 있었고, 가장 암울한 시간이 얼마나 귀중한 기회인지 알지 못한 채 그 시기를 무작정 견디려고 애썼던 것입니다.

그 후 나는 새벽에 잠이 깨도 그냥 누워 있기 시작했습니다. 이젠 시계를 보거나 몇 시간이나 잠을 못 잤는지 걱정하지 않고, 가슴 중심으로 하는 호흡을 따랐습니다. 이것은 당시 내게 아주 새로운 수행이었지만, 무엇인가 나를 끌어당겼습니다. 호흡을 한 번밖에 못 했는데도 다시 불안과 낙담에 빠져들기도 했습니다. 하지만 얼마 후 숨을 들이쉬면서 불안의 물리적 감각을 가슴 중심으로 호흡하는 법을 배운 다음에는 불안에 나를 내맡길 수 있었습니다.

내가 한밤중에 겪은 불안은 무력하고 유한한 시간밖에 가지지 못한 인간의 근본적 두려움이라는 사실이 점차 명확해졌습니다. 그리고 두려움 안에 점점 더 오래 머무를 수 있게 됨에 따라 불안과 낙담의 느낌이 조금씩 진정한 나의 삶에 대한 보다 깊은 이해로 변형되었습니다. 그로부터 여러 해가 흐른 지금은 이따금 한밤중에 눈이 떠져도 잠을 깬 채 누워 있는 걸 신경 쓰지 않습니다. 단지 가슴 중심으로 호흡하면서 그 시간을 가슴속 깊이 머무르는 귀중한 기회로 이용합니다. 그동안 깊은 유대감을 느낄 수 있고, 그것은 참행복의 경험입니다.

더 음울하고 강렬한 감정에 사로잡혀 인생이 너무 힘들어 보일 때, 대개 그 어려움 탓에 행복해질 수 없다고 믿습니다. 하지만 그 신념은 인생에 문제가 없어야만 행복할 수 있다는 잘못된 가정 위에 서 있습니다. 이때 우리는 수행의 가장 깊은 진리, 즉 삶이 어려울 때까지는 참으로 행복할 수 없다는 진리를 잊고 있습니다. 삶의 어려운 문제는 우리를 갇혀 있는 곳의 막바지까지 몰아갑니다. 또 가장 음울한 감정 반응은 우리가 감정의 자유를 경험할 수 있는 바로 그곳에 있음을 말해 줍니다. 만약 기꺼이 의식적으로 가장 음울한 감정을 다루기만 한다면 말입니다. 이는 감정에게 흔쾌히 "좋아"라고 말하고 받아들인다는 의미입니다.

이 변형 과정이 일어나는 것은 신비입니다. 우리가 분노, 두려움, 절망에 사로잡혀 있을 때, 신념과 방어와 몸의 세포마다 저장되어 있는 육체적 기억이 서로 밀접하게 얽혀 있는 것에 단절감이 결합됩니다. 이것이 습성에 따라 산다는 의미입니다. 그리고 우리는 습성에 아무런 변화도 일으킬 수 없다고 생각합니다. 그렇지만 남과 분리되는 것은 물론 자신과도 분리되었다는 단절감이 일어날 때, 만약 의식적으로 바로 그 단절감에 머무르면 점차 혹은 갑작스럽게 우리가 집착하는 감정의 실체를 꿰뚫어 볼 수 있습니다.

신념과 몸의 물리적 경험을 알아차림 할 때, 단단히 매달려 있던 '자아'감이 풀어지기 시작합니다. 가슴 중심으로 호흡하고 감정을 온전히 느낄 때, 특히 주변의 공기와 소리도 함께 알아차림 할 때, 여러 층의 장벽이 스러지기 시작하고, 지금 있는 그대로의 삶이라는 보다 광대한 감각과 가슴에 다시 연결될 수 있습니다. 그 과정은 불가사의하지만, 현재 순간의 감정에 내맡기기가 곧 내적 자유와 평정심으로 변형시키는 길이라는 건 확실합니다. 그리고 마침내 방어하는 장벽이 모두 허물어진 후에 남는 것은 행복입니다.

8장
명상

명상은 이제 불교에서만 하는 비밀스러운 행위가 아닙니다. 지금은 명상이 스트레스를 줄이고 건강을 증진하는 등 모든 활동에 도움이 된다는 인식이 일반적입니다. 그래서 많은 사람들이 명상을 하려는 것은 분명히 좋은 일입니다. 그런데 스트레스를 완화하고 건강해지려고 명상을 이용하는 것은 여전히 개인적 행복을 추구하는 데만 머물러 있는 것입니다. 기분을 좋게 하고, 차분해지고, 혈압을 낮추는 도구로 명상을 이용할 때, 근본적으로 삶을 우리에게 맞추려고 노력하는 것입니다. 하지만 우리 모두에게 있으며, 틀림없이 좋은 기분을 해치는 분노와 두려움을 함께 다루지 않는다면, 명상하는 동안 기분 좋은 게 무슨 소용이 있습니까? 얼마 동안 차분함을 즐기려는 것은 이해할 만하지만, 단순히 기분을 좋게 하는 수단으로 명상을 이용하면서, 동시에 보다 깊은 참만족의 행복을 얻는 것까지 기대한다면, 아마도 실망하게 될 것입니다.

하지만 삶의 어려움을 회피하지 않고 명상하는 길이 많이 있습니다. 실제로 어떤 명상은 참행복의 근원을 개발하는 데 도움이 되고, 아울러 참행복을 가로막는 것을 다루는 데도 유익합니다. 내가 여러 해 동안 수행했고, 이 장에서 설명하는 선 명상법은 두 가지 모두에 적합합니다. 이 장의 말미에서 그 명상법을 자세히 설명하겠습니다.

앉아서 명상하기는 몸과 마음을 안정시키는 가장 좋은 방법입니다. 침묵 속에 가만히 앉아 있는 이유는 될수록 온전히 자신의 모든 경험과 함께 현존하려는 것입니다. 마음과 몸이 안정되면 차분함을 느낄 수 있지만, 명상 수행의 핵심은 단지 침착해지는 것이 아니라 알아차리기이고, 또 지금 있는 그대로에 머무르는 능력을 기르는 겁니다. 머무르다라는 말의 의미가 '앉아 있다', '그대로 있다', '체류하다' 등인 것이 흥미롭습니다.

수행의 길은 우리에게 가장 단순하지만 가장 어려운 일을 하라고 간절히 요청합니다. 그것은 가만히 앉아 현존하기입니다. 생각하지 않고 거울처럼 비추기입니다. 행동은 없고 단지 멈추어서 관찰하기만 합니다. 명상에서는 우리의 마음에서 일어나는 모든 것이 일어나게 놓아둡니다. 그리고 기꺼이 받아들입니다. 저항, 지루함, 판단, 끊임없이 사연을 지어내기 등 마음에서 일어나는 모든 것을 환영합니다. 그 모든 것이 일어나게 놓아두고, 지켜봅니다. 명상할 때는 생각하지 않고, 분석하지 않고, 판단하지도 않습니다. 단지 지켜보고 경험합니다.

우리는 좋아하지 않는 일이 일어나면, 그 생각과 느낌에서 무언가 배울 수 있으므로 그것이 우리의 스승임을 기억하려 노력합니다. 우리가 좋아하지 않는 생각과 느낌은 정복하거나 벗어나야만 하는 적이 아닙니다. 다시 말해, 우리의 경험을 바꾸려고 애쓰면 안 됩니다. 단지 알아차리는 것입니다. 경험이 일어나면 그저 호기심을 가지고 지켜봅니다. 자신을 바꾸려 애쓸 필요 없습니다. 침착하고 분명하고 '흔들림 없는' 사람같이 가슴속에 품은 자아상에 따라 살아야 할 필요가 없습니다. 다른 말로 '영적인' 사람으로 보일 필요가 없습니다.

소위 단점까지 포함해서 있는 그대로 자신을 인정할 수 있습니까? 이는 완전에 대한 이상을 포기할 수 있는지 묻는 것입니다.

다시 말하지만 요점은 판단이나 분석하지 않고 지켜보기, 거울처럼 비추기입니다. 많은 '나'가 비친 모습을 지켜보는 것은 지금 있는 그대로의 자신을 친절하게 대하는 길입니다. 그때 자신을 어떤 특별한 모습으로 나타내려고 많은 노력을 하려는 욕구를 느끼지 않습니다. 특별한 존재가 되려는 욕구는 우리를 꼼짝 없이 불행에 가두어 버립니다. 그러므로 명상할 때는 특별한 사람이 되고 싶은 욕구를 그저 지켜보고, 우리가 집착하는 자아상을 인식하고, 지금 있는 그대로를 느낍니다. 참자비심으로 그렇게 할 수 없다면, 적어도 판단 없이 그렇게 하려고 노력할 필요가 있습니다.

그저 지켜보기를 하면 분투하기, 뭔가 증명하려고 애쓰기, 기대에 맞추려고 애쓰기를 중단할 수 있습니다. 그것은 모두 내면의 결핍감을 덮으려고 애쓰는 것입니다. 처음으로 분투하기를 그치면 분명히 두렵고 낯설게 느껴질 수 있습니다. 왜냐하면 우리는 존재 방식으로서 분투하기에 익숙해졌고, 익숙해서 편한 걸 떠나려 하면 불안하기 때문입니다. 하지만 남의 기대에 맞추고, 성취하려 애쓰고, 싸우기를 중단하면 공간이 생깁니다. 실제로 내면의 광대함이 열리고 자신에게 편해집니다. 물론 쉽지 않지만, 자신을 편하게 대하기를 익히는 것은 명상 수행에서 얻을 수 있는 귀중한 열매입니다.

또한 명상 수행은 결코 정해진 목표에 이르는 똑바른 길이 아니라는 사실을 잊지 말아야 합니다. 수행할 때는 한동안 명확했는데 갑자기 혼란이 생기기도 하고, 열망과 낙담이 뒤섞이기도 합니다. 또 수행이 깊어지는 순간은 실패한 듯 느껴지는 순간과 교차하기 마련입니다. 그러므로 이렇게 오르내림을 겪는 동안에도 수행이란 그저 생각을 호흡에 머무르게 하고 호흡을 온전히 느끼는 것입니다.

호흡을 알아차릴 수 있으면, 다음엔 공기를 느끼고, 소리를 듣고, 방의 공간감을 지각하며 마음을 주변 환경에 머무르게 합니다. 다음에 호흡에 대한 알아차림과 주변에 대한 알아차림을 함께 경험합니다.

이렇게 호흡과 주변 환경을 모두 알아차림 하면 흔들림 없이 안정되고, 그 안정감과 함께 머무르는 동안 현존감을 느낄 수 있습니다. 그 밖에 다른 무엇이 일어나든 이 광대한 알아차림 안에서 경험합니다. 어리석은 몽상, 계획을 세우려는 강박, 혼잣말을 하는 충동, 멍해지는 순간, 몸과 마음의 불편이 악화되는 시기 등을 호흡과 주변에 대한 광대한 알아차림 안에서 지켜보는 것입니다. 그렇게 호흡과 주변 환경에 대한 알아차림에 자리 잡으면, 마음을 지금 있는 그대로의 순간인 고요 속에 둡니다. 그곳은 머릿속 생각이 재잘거리기에 넉넉한 공간이 있습니다. 그런데 잊지 마세요. 애쓰지 않고 단지 지금 여기에 현존하고자 지속석이고 부드럽게 노력해서 고요에 들어갑니다.

호흡과 주위 환경에 대한 물리적 경험에 내맡길 때, 기본적으로 아무것도 하지 않고 가만히 앉아 있는 경험을 이용하여 가장 실재인 것, 가장 중요한 것에 대한 감각을 일깨웁니다. 그때 호흡과 주위를 알아차림 하기는 실재에 이르는 입구가 됩니다. 거품 같은 생각과 판단 속에서 살면 존재의 신비로부터 자신을 단절하게 됩니다. 반대로 지금 이 순간에 조용히 현존함으로써 존재의 신비 속으로 한걸음 다가갈 수 있습니다. 생각하지 않고, 그저 지켜보고 거울처럼 비추어서 그렇게 합니다.

자신이 단지 존재할 수 있게 할 때 아마도 편안함을 느꼈겠지만, 또한 단지 존재하기가 매우 어렵다는 것도 알게 되었을 것입니다. 왜 그렇게 어려울까요? 그것은 인간으로서 우리의 가장 큰 문제가 과도하게 활동적인 마음이기 때문입니다. 대개 머릿속 생각을 단순히 유용한 우리의 일부로 여기지 않고 자신과 완전히 동일시합니다. 자신의 생각과 감정이 바로 자기 자신이라고 여기는 경우가 얼마나 많습니까? 우리 마음은 본질적으로 생존하기에 적절하게 적응되어 있습니다. 즉 자신의 경험을 해결해야 하는 문제로 여기므로, 우리 마음은 분석하고, 계획하고, 결정합니다. 이 모두는 우리가 편하고 안전하다고 느끼고자 하는 것입니다. 에고를 포함한 마음은 근본적으로 우리의 경험과 세상을 통제하려 합니다. 이는 그 자체로 나쁘지는 않습니다. 사실 그것은 인간으로 살면서 피할 수 없는 어려움을 헤쳐 나가는 데 도움이 될 수 있습니다.

하지만 머릿속 생각이 점점 커져서 외부로부터 방어하는 고치처럼 우리의 세상을 오그라지게 만드는 게 문제입니다. 그 결과 우리는 삶을 차단하고 삶에 현존하지 않습니다. 단순히 존재하는 데 머무르지 못하고, 원하는 대로 느끼려는 욕구에 사로잡히고, 특정한 존재가 되려는 욕구에 사로잡힙니다. 우리 마음은 안전, 안도감, 즐거움 그리고 무엇보다 통제감을 느끼려는 욕구에 몰두합니다.

예를 들어, 많은 사람들은 노력하고 행동해야만 원하는 걸 얻을 수 있다는 신념을 마음 깊이 간직하고 있습니다. 그래서 적어도 미세한 의식에서는 자신을 채찍질해야 한다고 믿습니다. 자신이 그렇다는 걸 생각조차 하기 싫을 수도 있지만, 단순히 관찰하기만 해도 하루 종일 스스로를 채찍질하고 있음을 알 수 있습니다. 분투하고 스스로 채찍질해야 하고 문제 있어 보이는 걸 고쳐야 한다고 느낍니다. 이것은 활동적이고 행동하고 생산적인 것이 가장 바람직하다는 태도이며, 일을 실행하고 개선하기를 요구합니다. 이런 태도는 괜찮을 수도 있고, 일상생활에서 필요한 경우도 있습니다. 하지만 특별한 존재가 되려고 애쓰고, 원하는 대로 느끼려고 분투하는 것은 갈등을 일으키고 고통을 초래합니다.

하지만 다르게 노력할 수 있습니다. 그것은 생각이 아니라 가슴에서 비롯되는 노력을 말합니다. 행동하기보다 단순히 존재하는 것이며, 고치고 통제하려고 애쓰기보다 가슴을 열고 받아들이려 하는 것입니다. 분투하기보다 연결하기를 간절히 바라는 것입니다. 이런 활발함이 명상 수행의 핵심입니다. 앉아서 명상할 때 대개 무슨 일이 일어납니까? 많은 생각이 일어나 마음이 분주하면, 뭔가 잘못되었다고 생각하지 않나요? 그리고 뭔가 잘못되었다고 생각할 때는, 대개 분명히 우리에게 잘못이 있다는 신념으로 해석하지 않나요? 게다가 잘못을 고치려면 뭔가 해야만 한다고 생각하는 일이 많지 않은가요? 결국 우리는 습관적으로 '문제 고치기 방식'에 매달립니다.

하지만 소위 문제점을 대하는 다른 방식이 있습니다. 명상할 때 무슨 일이 일어나든, 몸과 감정으로 무엇을 느끼든, 명상 수행은 그저 앉아서 지금 일어나고 있는 것을 인정하고 지금 있는 그대로에 내맡기는 것입니다. '내버려 두고 잊어야' 할 필요 없이, 그저 있는 그대로 그 자리에 놓아두는 것입니다. 그러려면 먼저 우리 몸과 마음의 상태가 물리쳐야 하는 장애물이나 해결해야 하는 문제가 아니라는 것을 이해해야 합니다. 단지 이상해 보인다고 해서, 그것이 곧 실제로 이상하다는 의미는 아니기 때문입니다. 모든 건 그저 지금 있는 그대로입니다. 근본적으로 우리를 끊임없이 힘들게 하는 것은 사람과 사건에 대한 판단과, 사람과 사건이 어떠하기를 바라는 기대입니다.

명상하다가 지루해지거나 졸음이 오면 무의식적으로 명상을 제대로 하지 못한다고 판단합니다. 또 흥분하거나 화가 나면 차분해져야만 한다고 생각합니다. 혼란스러울 때는 명확함을 찾습니다. 하지만 사실 우리에게 필요한 것은 지금 무슨 일이 일어나든 그것을 인정하고, 될수록 온전히 현존하는 것입니다. 근본적인 원리는 알아차림이 치유한다는 것입니다.

그러므로 명상의 가르침은 그저 지금 있는 그대로 놓아두라는 것입니다. 이것은 수동적인 가짜 초연함이 아니라는 걸 분명히 알아야 합니다. 물론 현존하기, 고요히 있기, 자신을 명확히 관찰하기 등 활동적인 수련을 해야 합니다. 하지만 명상할 때 필요한 생각과 가슴의 특정한 태도가 있습니다. 적극적으로 그저 바라보고, 일어나는 일에 자신을 열고, 호기심을 가지고, 판단하거나 저항하지 않는 태도입니다. 그리고 지금 있는 그대로에 대한 저항을 중단하기를 익히면, 기꺼이 함께 하는 마음이 점점 커지고, 심지어 반복되는 습관과 인간적인 소소한 드라마와 마음속에 나타났다 사라지는 쇼를 어느 정도 즐길 수 있습니다. 그리고 마침내 경험 속에 빠져 얽매이지 않고 경험에 내맡기는 법을 알게 됩니다.

앉아서 명상할 때 불안이 일어날 수 있습니다. 분명히 저항과 낙담도 생길 것입니다. 명상 수행은 그 생각을 보고, 불안의 물리적인 면을 느끼고, 호흡과 주위를 알아차리고, 모든 것을 지금 있는 그대로 놓아두는 것입니다. 마음과 몸이 어떤 상태이든 상관없이, 명상 수행은 현재를 진실로 느끼는 것입니다. 그리고 호흡과 주위 환경과 함께 머무르면서 지금 있는 그대로 놓아둡니다. 명상의 요점은 우리가 무엇을 느끼든, 무슨 일이 일어나든 우리의 신념을 명확히 보고, 있는 그대로에 대한 본능적 경험을 진실로 느끼고 거기 머무르는 것이며, 호흡과 주변 환경이라는 보다 큰 연관 속에서 우리의 경험을 그저 있는 그대로 놓아두는 것입니다.

어떤 면에서 명상 수행은 매우 단순합니다. 그렇지만 실제로 수행하기는 매우 어렵습니다. 왜 그럴까요? 역시 마찬가지로, 우리의 마음은 모든 걸 있는 그대로 놓아두지 않으려 하기 때문입니다. 우리 마음은 모든 게 어떠해야만 한다는 상상과 의견과 판단을 포기하려 하지 않습니다. 마음은 분석하고, 판단하고, 비난하고, 통제하고, 무엇보다도 모든 걸 '개선'하는 데 가장 관심이 많습니다. 하지만 명상할 때 특별한 존재가 되어야 하거나 특별한 감정을 느껴야 하는 게 아님을 이해할 수 있습니다. 이를 제대로 이해하면 매우 힘겨운 부담을 덜게 됩니다. 이렇게 보다 광대한 알아차림을 개발하면, 점차 곧장 명상으로 통하고 곧바로 삶으로 통할 수 있습니다.

아마도 명상 수행을 하는 데 가장 필요한 자질은 인내입니다. 오랫동안 만족과 지혜를 탐구하는 과정에서, 틀림없이 수행이 잘되는 때도 있고 잘 안 되는 때도 있을 것입니다. 낙담하는 때도 있고, 심지어 맨 처음 왜 명상을 시작했는지 기억하지 못하는 때도 있을 것입니다. 하지만 그때그때 기분이 어떻든, 얼마나 의욕이 있든, 인내하면 명상 수행을 계속할 수 있습니다. 그러므로 나는 수행을 지도할 때 다른 무엇보다 인내심을 강조합니다. 그랬더니 최근 한 제자는 내가 어머니 배 속에서 나올 때 맨 처음 한 말이 인내였을 거라고 말했습니다. 하지만 사실 나도 인내를 개발하는 데 몇 년이 걸렸습니다.

가장 근본적인 이해를 거듭 되새겨야만 합니다. 우리는 오직 한 곳에서만 수행할 수 있으니, 그건 바로 지금 여기에서 경험하는 것에 머무르기입니다. 이따금 6장의 세 가지 질문을 하는 게 매우 도움이 될 수 있습니다. 바로 지금 나는 참으로 행복한가? 행복을 가로막는 건 무엇인가? 지금 있는 그대로에 내맡길 수 있는가?

세 가지 질문은 지금 이 순간 일어나는 것에 주의를 집중하는 탁월한 방법입니다. 특히 세 번째 질문은 현존과 참행복을 개발하는 핵심입니다. 지금 있는 그대로에 내맡기기는 현재에 머무르고 인내하는 것이며, 평생 동안 명상을 수행하는 열쇠입니다. 지금 있는 그대로에 내맡길 때, 일어나는 모든 것을 그저 관찰합니다. 그러면 마침내 더 수월하고 흥미롭게 수행할 수 있음을 알게 됩니다.

참행복을 가로막는 장애를 밝히려 토론할 때와 참행복의 근원을 개발할 때, 지금 일어나는 것을 객관적으로 관찰하기는 끊임없이 언급되는 주제입니다. 관찰하기는 쉬워 보일지도 모르지만, 사실 우리에게는 스스로를 방해하는 불가사의한 능력이 있습니다. 예를 들어 보겠습니다.

한 형사가 형사 후보생 세 명에게 주의 깊게 관찰하는 법을 가르치는 임무를 맡았습니다. 그는 첫째 후보생에게 용의자의 신상 명세서에 있는 사진을 보여 주고 자세히 관찰하라고 했습니다. 몇 초 후에 사진을 치우고, 용의자를 어떻게 찾아낼 수 있는지 물었습니다. 후보생이 대답했습니다. "그건 쉬워요. 그 사람은 눈이 하나밖에 없습니다."

형사는 당황했고, 첫째 후보생은 절대 형사가 될 수 없다고 생각했습니다. 이어서 둘째 후보생을 불러 같은 사진을 몇 초 동안 보여 주었습니다. 그러고 나서 그에게 어떻게 용의자를 알아볼 수 있는지 질문했습니다. 둘째 후보생은 "뻔합니다. 용의자는 귀가 하나밖에 없잖아요"라고 대답했습니다. 그러자 형사는 화가 났습니다. 두 후보생이 너무 아둔해서 자기들이 용의자의 신상 명세서를 보고 있다는 것을 알지도 못한다는 사실이 믿기지 않았습니다.

마지막으로 형사는 셋째 후보생을 불러서 용의자의 사진을 잠깐 보여 준 후에, 그에게 용의자를 알아볼 수 있는 점을 찾았는지 물었습니다. 잠시 후 셋째 후보생이 대답했습니다. "용의자는 콘택트렌즈를 끼고 있습니다." 방심해서 이를 전혀 예상하지 못했던 형사는 컴퓨터로 가서 용의자의 신상을 다시 검토했습니다. 그리고 용의자가 정말 콘택트렌즈를 착용하는 것을 알고 경악했습니다.

형사는 셋째 후보생에게 돌아가서, 매우 깊은 인상을 받았다고 말했습니다. 그리고 물었습니다. "어떻게 그렇게 날카롭게 관찰했지?"

셋째 후보생이 대답했습니다. "간단합니다. 용의자는 귀와 눈이 하나씩밖에 없으니까 안경을 쓸 수 없거든요."

이것은 분명 우스갯소리지만, 우리도 자신을 충분히 오래 관찰하면, 때로는 이 형사와 거의 비슷할 정도로 엉터리로 알고 있음을 깨달을 것입니다. 특히 명상할 때는 우리가 보고 싶지 않았던 것까지 포함해서 모든 것이 일어납니다. 끈기 있게 명상 수행을 하면, 판단에 따라 거르지 않고 온화한 관용의 태도로 자신의 여러 신경증과 특이성을 관찰하는 법을 배울 수 있습니다. 자기 자신을 비롯한 인간의 행위의 어리석음에 대한 유머 감각을 기를 수도 있습니다. 자신을 보고 웃을 수 있게 되는 것은 명상 수행의 많은 유익한 점 중 하나이며, 또한 영적으로 성숙했다는 징후입니다. 활기찬 인내가 풍성한 영성 생활을 이루는 열쇠임을 나는 확신합니다. 진정으로 활기차게 인내하기를 익히면 명상 수행의 맥락에서 거의 모든 것을 할 수 있습니다.

가장 중요한 점은, 인내심을 가지고 명상 수행하기는 참행복의 삶을 경험하는 데 유용한 도구라는 것입니다. 단지 존재하기의 고요와 침묵에 머무를 수 있게 되면 무위의 감미로움을 맛볼 수 있습니다. 이는 즐거움을 느끼면서 아무렇게나 있는 게으름이 아닙니다. 달콤한 쾌락은 오래 지속되지 않습니다. 왜냐하면 쾌락주의는 결코 완전히 충족할 수 없는 갈망을 만족시키려 애쓰기 때문입니다. 게다가 갈망하는 경향에 계속 먹이를 주면 틀림없이 불행이 지속됩니다. 보다 깊은 무위의 달콤함을 누리려면 자기 자신과 함께 현존할 수 있는 능력이 필요합니다. 내면의 공허를 채우고자 즐거움을 찾거나 늘 바쁘게 일하려 애쓰는 게 아닙니다. 이와 달리 앉아서 명상할 때 우리는 단지 존재할 수 있습니다. 불안할 때도 이와 마찬가지로 단지 존재할 수 있습니다. 생각으로 과거나 미래에 대한 사연을 지어내기를 그만두고 삶의 물리적 경험의 직접성에 주의를 기울일 수 있을 때, 참행복의 주된 근원인 현존감과 활짝 열린 느낌에 연결될 수 있습니다.

| 기본적인 명상법 |

될수록 매일 같은 장소에서 명상하는 게 가장 좋습니다. 명상하기 좋은 장소는 번잡스럽지 않고 조용한 곳입니다.

그리고 매일 같은 시간에 명상하는 것이 바람직합니다. 게을러지거나 동기가 약해지는 걸 극복하는 규율을 기르는 데 도움이 됩니다.

작은 제단을 만드는 게 도움이 되는 경우가 많습니다. 초를 켜거나 향을 피우는 것도 수행의 열망을 일으키는 데 도움이 될 수 있습니다. 영감을 주는 사진이나 문구를 제단에 놓아도 좋습니다.

매일 앉아서 명상하는 게 가장 좋습니다. 일주일에 적어도 사나흘은 명상을 하십시오. 처음 시작할 때는 15분 정도 명상하는 것도 좋지만, 점차 30~40분까지 명상 시간을 늘려야 합니다.

쿠션이나 의자에 앉아 긴장을 풀고 허리를 곧게 폅니다. 곧은 자세는 정신을 또렷이 유지하는 데 도움이 되고, 긴장을 푸는 것은 불필요하게 경직되지 않게 해 줍니다.

눈은 감지 말고 뜬 채로 시선을 약간 아래로 향합니다. 대상을 직접 보지 말고 '부드럽게' 눈을 뜨고 있는 게 좋습니다.

눈을 감으면 졸음에 빠지기 쉽기 때문입니다. 눈을 감으면 더 편할지 모르지만, 명상에서 가장 중요한, 깨어 있고 알아차림을 유지하는 데 방해가 됩니다.

두어 번 깊은 숨을 쉬어서 몸을 알아차림 하면서 명상을 시작합니다.

그 후 몸과 마음을 안정시키고자 호흡에 주의를 집중합니다. 숨이 몸으로 들어오고 나가는 물리적 감각을 느낍니다. 이를테면 호흡이 들어오고 나갈 때 가슴 중심의 느낌에 집중합니다.

할 수 있는 만큼 오래 호흡의 물리적 경험과 함께 현존합니다. 그리고 생각하고 몽상에 빠지고 계획을 세우는 데 주의가 끌리는 경향을 알아차립니다.

앉아서 명상할 때마다 수백 번씩 생각에 주의가 끌릴 수도 있습니다. 이는 아주 정상인 상태이고, 명상을 너무 못한다고 자책할 필요 없습니다. 생각에 빠진 걸 인식할 때마다 단지 호흡의 물리적 감각으로 돌아오면 됩니다.

| 중간의 명상법 |

수행 초기에는 명상하는 동안 계속 호흡을 따르는 것이 좋지만, 몸과 마음이 안정되었다고 느끼면 알아차림을 확장하는 것이 좋습니다. 몸의 다른 감각을 느끼고 소리와 공기의 질감 같은 주위 환경도 느끼는 것입니다. 그럼으로써 알아차림을 호흡에만 집중하는 데서 나아가, 보다 넓게 열린 알아차림 상태로 확장합니다. 생각이 끊임없이 일어나므로, 필요할 때는 생각을 인식하고 이름 붙이기를 합니다. 그 후 호흡과 주위의 감각에 대한 알아차림으로 돌아와, 생각이 계속 펼쳐지지 않게 합니다. 여전히 생각에 사로잡혀 있을 때는 적어도 세 번 호흡하는 동안 현존하기로 돌아가겠다는 마음을 먹는 게 도움이 됩니다. 이때 첫째 호흡은 호흡 자체에 대한 알아차림으로 다시 돌아오게 합니다. 둘째 호흡에서는 주위에 대한 알아차림을 회복합니다. 그리고 셋째 호흡에서는 다시 호흡과 주위를 모두 알아차림 합니다. 명상하는 동안 자꾸 생각에 사로잡혀서 이런 세 번 호흡하기를 수십 번 되풀이해야만 하더라도, 결국 호흡과 주위에 대한 알아차림이 명상 수행의 든든한 토대가 될 것입니다.

주의를 흩뜨리는 감정이 일어날 때는 그것을 무시하거나 회피하려 애쓰지 말고, 그 감정의 물리적 질감을 알아차림 합니다. 단, 호흡과 주위를 알아차림 하는 보다 큰 틀 안에서 그렇게 합니다.

선 제자들은 명상할 때 집중하지 못하거나 기분이 좋아지지 않으면 제대로 명상하지 못했다고 판단하는 일이 많습니다. 하지만 기분이 어떻든 인내심을 가지고 꾸준히 명상할 때, 명상의 가장 유익한 결실을 얻을 수 있습니다. 그러면 머지않아 명상을 익히게 되고, 몸과 마음이 자리 잡기 시작합니다. 그리고 매일매일의 명상 수행으로 개발되는 현존감과 평정심이 점차 일상생활 속에 스며들기 시작합니다.

9장
감사하기

"일어나서 감사하자. 만약 오늘 많은 걸 배우지 못했다면, 적어도 조금은 배웠으니까. 또 만약 조금도 배우지 못했다면, 적어도 병들지는 않았으니까. 그리고 만약 병들었더라도, 적어도 죽지는 않았으니까. 그러니 모두 감사하자."

이것은 내가 자주 인용하는 부처님의 말씀입니다.

감사하기는 참행복으로 살 때 얻는 열매입니다. 동시에 감사하기는 우리 존재 속에 본래 있는 씨앗, 개발되어야 하는 씨앗에서 비롯됩니다. 그리스도교 신비가인 마이스터 에크하르트는 감사하기가 정말 중요하다고 말했습니다.

"일생 동안 했던 유일한 기도가 '감사합니다'였다면 그것으로 충분하다."

만일 이 가르침의 깊이를 진실로 이해한다면, 거기에 우리가 알아야 할 모든 것이 있을 것입니다. 아쉽지만, 자신에게 감사하라고 시켜서 실제로 감사하게 될 수는 없습니다. 하지만 분명히 감사하는 태도를 기를 수 있습니다.

감사함은 고마움을 느끼는 것을 의미하기도 합니다. 또 뭔가 좋은 일이 생긴 것을 인정할 때 고마워하는 태도를 말합니다. 그런데 우리는 얼마나 자주 진실로 감사를 느끼나요? 아마도 정말 '좋은' 일이 생길 때는 감사를 느끼겠지만, 좋지도 나쁘지도 않은 일이나 심지어 나쁜 일에 대해 얼마나 감사를 느낍니까? 호흡처럼 단순하고 기본적인 것에 대해 얼마나 감사하나요? 자신의 자애심 능력에 얼마나 감사하나요? 어려움까지 포함해서 깨달음을 향한 여정에 대해 얼마나 감사하나요?

감사하기는 참행복의 상태에 없어서는 안 되는 측면입니다. 왜냐하면 지금 가진 것에 감사하지 않으면 계속해서 지금 있는 그대로와는 다른 삶을 원할 것이고, 그런 욕구는 틀림없이 불행을 초래하기 때문입니다.

티베트에서는 "모든 이에게 감사하라"는 말이 전해집니다. 불가능하지는 않더라도 분명히 비현실적으로 들리는 이 말은 우리에게 무엇을 요청하는 걸까요? 한 번도 설거지를 하지 않는 룸메이트나 직원을 제대로 알아주지 않는 사장에게도 감사해야 합니까? 우리를 비판하는 사람에게도 감사함을 느껴야만 하나요?

그렇습니다! 그들에게도 감사해야 합니다. 수행의 관점에서는 우리가 갇혀 있고 넘어가기를 원치 않는 한계까지 우리를 밀어붙이는 모든 사람과 모든 것이 우리의 스승이며, 가장 깊은 배움이 일어나는 바로 그곳으로 우리를 이끌기 때문입니다.

설거지를 하지 않는 룸메이트에게도 감사해야만 하는 까닭은 무엇인가요? 그 친구가 우리의 분노, 일이 어떻게 되어야만 한다는 판단, 독선 등 우리가 얽매여 있는 바로 그곳을 가리켜 주기 때문입니다. 우리를 비판하는 사람에게는 왜 감사해야 할까요? 우리가 대개 무시하지만, 참행복을 누리지 못하게 방해하는 상처와 두려움을 다룰 수 있는 기회를 그들이 주기 때문입니다.

그런데 이런 어려운 상황이 바로 가장 좋은 스승이라는 것을 실제로 얼마나 자주 기억합니까? 우리는 거의 항상 삶이 어떠해야만 한다는 기대를 믿는 데 사로잡혀 있습니다. 그리고 그것은 우리를 실재와 참행복에서 멀어지게 합니다. 우리는 남이 우리를 제대로 알아주고, 우리를 구해 주고, 적어도 비판하지 않기를 바랍니다. 그리고 경제적 문제와 건강을 포함해서 삶이 원하는 대로 이루어질 것이라고 기대합니다. 그 결과, 틀림없이 거듭해서 감사보다는 실망을 느낄 것입니다. 간단히 말해, 생각에 의존한 기대에 사로잡히면 늘 머릿속 생각 탓에 불행을 겪게 됩니다. 머릿속 생각은 현재 순간이 기대에 못 미친다고 끊임없이 말하기 때문입니다.

감사하는 마음을 기르는 수행

감사하기는 매우 귀중한 태도이지만, 감사하기를 목표나 이상으로 설정하고 성취하려 노력하는 건 별 도움이 못 됩니다. '감사해야만 한다'고 다짐하면, 그것은 감사가 우리를 행복하게 해 줄 것이라고 기대하며 사는 또 하나의 허상을 만드는 것에 불과합니다. 하지만 행복을 뒤쫓아서는 행복해질 수 없으며, 오히려 끊임없이 갈망을 일으키고 삶에 감사하는 마음을 가로막을 뿐입니다.

그런데 감사를 이상적인 허상으로 만들지 않고도 감사하는 마음을 기를 수 있습니다. 여러분이 해 볼 만하고 매우 도움이 되는 두 가지 수행을 소개합니다.

| 밤에 회상하기 |

밤에 회상하기는 잠들려고 누운 후 바로 시작하는 이완 명상입니다. 나는 침대에 누워서 배 위에 손을 모으고 밤에 회상하기를 합니다. 눈은 떠도 좋고 감아도 좋습니다. 이 수행은 매일 밤 비슷한 시간에 하는 게 좋으며, 특히 너무 피곤해지기 전에 하는 게 중요합니다.

밤에 회상하기는 아침의 첫 기억부터 시작해서 하루 동안 있었던 주요한 일들을 되돌아보는 것입니다. 이때 생각하기, 분석하기, 연관 짓기, 판단하기에 빠지지 않는 게 매우 중요합니다. 밤에 회상하기는 실제로 일어난 일을 그저 되짚어 보는 것, 혹은 '이미' 일어난 일을 나중에 될수록 객관적으로 관찰하는 것입니다.

되돌아보기를 마친 후에 자신에게 묻습니다. "어떤 일에 가장 감사하는가?" 그러면 바로 그때는 미처 알지 못했어도 하루 중 가장 감사함을 경험한 일을 꼭 집을 수 있습니다. 밤에 회상하기를 정기적으로 하면, 명상하는 동안에 더 감사함을 느낄 뿐만 아니라 낮에 생활할 때도 감사한 일을 더 잘 알아차리고 더 잘 받아들이게 됩니다. 일상적인 일을 하는 동안 얼마 안 되는 긍정적인 순간조차 알아보지 못하는 경우가 많고, 또 알아보았더라도 어느새 잊어버린다는 사실을 인식하기 시작합니다. 그런데 낮에 실제 일어나는 일에 더 민감해짐에 따라 감사한 순간들이 더 도드라지고, 현재 순간에 감사하는 마음이 더 자주 일어납니다.

유명한 베트남 선승인 틱낫한 스님은 일상생활에서 마음챙김 혹은 알아차림 함으로써 감사하는 마음을 기를 수 있다고 합니다. 늘 알아차림을 유지하면 수도꼭지를 틀어 수돗물이

나오는 것 같은 아주 단순한 일도 인식하기 시작합니다. 그래서 수돗물을 당연히 여기지 않고, 수돗물에 대한 알아차림과 감사함을 기르게 된다고 합니다.

사실 수돗물을 쓸 수 있는 건 우리가 타고난 권리가 아닙니다. 역사 속 대다수의 사람들과 수백만의 현대인은 지금도 수돗물의 사치를 누리지 못합니다. 알아차림 수행을 함으로써 수돗물같이 단순한 것에도 감사하게 되고, 우리에게 수돗물은 당연하다는 특권 의식이 있음을 인식하게 됩니다.

하지만 이런 감사함을 일상생활에 온전히 통합하는 데 필요한 알아차림을 적극적으로 개발하려면, 매일 밤에 하루를 되돌아보고 가장 감사함을 느끼는 일을 회상하기 같은 수행을 의도적으로 해야만 합니다.

| "감사합니다"를 말하는 날 |

감사함을 기르는 다른 수행은 정기적으로 하루를 정해서 삶의 속도를 늦추고, 세 번 호흡하면서, 일어나는 모든 일에 "감사합니다"라고 말하는 것입니다. 방법은 매우 단순합니다. 하루 중 여러 번 이렇게 합니다.

1. 멈춥니다. 세 번 호흡하는 동안 활동을 중단합니다.
2. 호흡합니다. 호흡을 느끼며 가슴 중심을 알아차림 합니다.
3. "감사합니다"라고 말합니다. 지금 존재하는 모든 것에 자신을 엽니다.

이 수행은 우리가 감사하지 않는 일이 얼마나 많은지 보여줍니다. 언뜻 납득이 안 될지 모르지만, 사실 우리를 거슬리게 하거나 겁주거나 불쾌하게 하는 일이 생길 때마다 어디까지 감사할 수 있는지, 그 한계를 배울 기회를 얻는 것입니다. 그 한계는 우리가 여전히 기대하는 것에 얽매여 있는 곳을 가리킵니다.

하지만 이따금 기대가 좌절되고 실망이 너무 커서 전혀 감사함을 느끼지 못할 수도 있습니다. 옛날에 한 젊은 왕자가 마녀의 저주에 걸려서 1년에 단 한 단어만 말할 수 있게 되었습니다. 그리고 한 해 동안 한 단어도 말하지 않으면 다음 해에는 두 단어를 말할 수 있었습니다. 어느 날 왕자는 꿈에 그리던 공주를 보고 미친 듯이 사랑에 빠졌습니다. 공주에게 가서 "나의 사랑"이라고 말할 수 있다면 무엇이든 할 수 있다고 생각했습니다. 그래서 왕자는 공주에게 그 말을 하려고 두 해를 기다리기로 결심했습니다.

2년이 다 되었을 때, 왕자는 "나는 당신을 사랑합니다"라는 말도 하고 싶다는 걸 알았습니다. 그 말을 하려면 3년을 더 기다려야만 했지만, 왕자는 그럴 가치가 있다고 확신했습니다. 그렇게 5년이 흘렀는데, 왕자의 사랑은 전혀 변함이 없었고, 이제는 자신이 공주와 결혼하고 싶어 한다는 사실을 분명히 알게 되었습니다. 그런데 "부디 저와 결혼해 주시겠습니까?"라고 말하려면 4년을 더 기다려야만 했습니다.

마침내 9년이 다 되었을 때, 행복감에 싸인 왕자는 공주 앞으로 가서 한쪽 무릎을 꿇고 말했습니다. "나의 사랑이여, 나는 당신을 사랑합니다. 부디 저와 결혼해 주시겠습니까?"

공주가 왕자를 바라보고 말했습니다. "죄송하지만, 뭐라고 말씀하셨지요?"

이 왕자처럼 결과에 집착하는 기대를 하면 거의 확실히 실망하게 될 것입니다. 그리고 감사하게 될 여지는 거의 없습니다. 물론 이렇게 극단적인 경우는 드물지만, 이보다 덜 심한 경우에도 감사함을 느끼기가 어려울 수 있습니다. 또한 조금도 감사하는 마음 없이 말로만 "감사합니다"라고 하는 일이 얼마나 흔한지 놀라는 경우가 많습니다.

이와 달리, 쉽지는 않지만 하루 종일 "감사합니다"라고 말하기 수행을 하면 시간이 지남에 따라 내면에서 감사함이 불러일으켜지기 시작합니다. 그리고 참감사를 방해하는 것을 다루면 진정한 감사의 느낌이 자연스레 일어납니다. 마침내, 감사하는 마음으로 세 번 호흡하는 동안, 현존하는 것이 실재라는 상쾌한 음료처럼 느껴지기 시작합니다. 또한 삶에 어려움이 있어도 내면에서 감사와 참행복을 느낄 수 있음을 깨닫습니다.

밤에 회상하기와 하루 동안 "감사합니다"라고 말하기, 두 연습을 하면 천천히 (그리고 아마도 마지못해) '나'와 내가 원하는 것이라는 사연 지어내기를 그만둘 수 있습니다. 그 결과 근본적으로 감사하는 경이와 기쁨이 삶의 자연스러운 일부가 됩니다. 대개 다른 사람과 자신의 잘못을 잘 보지만, 이 수행을 하면 자신과 남의 옳은 면도 점점 더 잘 알아보게 됩니다.

살아 있음을 감사하기, 즉 지금 이 순간 내면의 기쁨을 누릴 수 있는 것은 참행복의 본질적 근원입니다. 그때 참행복이 매우 평범할 수 있음을 이해할 수 있습니다. 그건 눈빛을 반짝이며 다른 사람을 만나고, 인간으로서 서로 연결되어 있음을 맛보는 현존의 짧은 순간 같은 것입니다.

감사하기를 생활 방식으로 하기

시간이 흐르면서 감사하기를 일상생활의 자연스러운 일부로 미묘하게 통합하는 걸 배울 수 있습니다. 최근 아내 엘리자베스와 나는 런던과 파리를 여행했는데, 우리는 색다른 휴가를 원했습니다. 일반적인 휴가와 달리 개인적인 휴식을 하고, 활동할 때도 삶의 속도를 늦추고, 더 깊은 수행을 하고 싶었습니다. 재미있는 일들을 많이 했지만, 잘 알려진 관광지에서 벗어나 아름다운 공원을 산책하고, 오래된 장엄한 성당에서 명상하고, 연주회에 갔습니다. 그 경험 속에서, 우리가 어려울 때 현존하기에 대해서는 많은 이야기를 하지만 정말 즐겁게 지낼 때 현존하기에 대한 이야기는 거의 하지 않는다는 사실을 깨달았습니다.

런던에는 놀랍도록 아름다운 공원이 적어도 세 곳이 있는데, 켄싱턴가든, 리젠트파크 그리고 특히 아름다운 큐가든입니다. 또 다른 의미로 놀라운 공원은 파리에 있는 룩셈부르크가든입니다. 보통 아내와 나는 느린 걸음으로 이 공원들을 산책하며 많은 시간을 보냈습니다. 더러 침묵 속에서 명상도 했지만, 주로 활짝 피어난 꽃들, 광대하게 펼쳐진 여러 빛깔의 풀들, 마치 우리에게 말을 거는 듯한 나무들의 아름다움을 그저 바라보았습니다. 그런 순간에 감사함을 느낄 수 있는 열쇠는 매우 단순하다는 생각이 들었습니다. 그건 단순히 머릿속에서 나와 주변의 풍요로운 감각적 경험의 세계에 우리 자신을 여는 것입니다.

아내와 나는 파리의 거리를 따라 거니는 걸 참 좋아했는데, 그때도 외부 세계에 온전히 현존할 수 있을 때 내면에서 우러나는 감사를 느꼈습니다. 아름다운 건물에 감탄하고, 주위 사람들을 바라보고, 별달리 특별한 곳에 가지 않고 대단한 일을 하지도 않고, 그저 지금 여기 있는 것에 현존했습니다. 이런 감사하기의 열쇠는 스즈키 선사Suzuki Roshi가 초심자의 마음이라고 부른 것입니다. 초심자는 속단하지 않고, 아무것도 통제하려 하지 않고, 그저 자신을 열고 경험을 받아들인다는 것입니다.

파리에서 어느 날 스윙 댄스를 하러 갔습니다. 그곳은 지하실 같은 큰 동굴이었고, 작은 부기우기 밴드가 연주했습니다. 어린 젊은이들이 대부분이어서, 처음에 나는 자제하려고 애쓰는 자의식의 기미를 느꼈습니다. 그건 '나' 중심적인 태도였고 머릿속에만 있는 것이었습니다. 하지만 아내와 나는 자아상 따위를 전부 놓아 버리고 그냥 함께 춤추면서 멋진 시간을 보낼 수 있을 것 같았습니다. 우리는 구식 지르박 춤을 꽤 잘 출 수 있었지만, 중요한 건 춤을 잘 추었는지가 아니라 잘하려고 애쓰지 않았다는 것, 특별하려고 애쓰지 않았다는 것입니다. 그래서 우리는 정말로 거기 존재할 수 있었습니다. 나는 명상하는 마음으로 일상생활을 한다는 게 무슨 의미인지 말하고 있습니다. 그건 자신이 곧 선禪이 되는 것이고, 현재의 감미로움에 감사하는 것입니다. 이런 일상적 즐거움에 깨어 있고 감사하기는 감정적으로 고양되는 것이 아니라 현존감입니다.

이런 감사하기는 보다 큰 실재감을 포함하고 있습니다. 아내와 나는 드넓은 공원과 아주 오래된 성당에서 보다 큰 실재감을 명확히 경험했습니다. 그와 더불어 만물의 덧없음에 대한 미세한 알아차림도 경험했습니다. 발밑의 얼음이 언제든 깨질 수 있듯이 삶이 순식간에 변할 수 있음을 알아차릴 때, 우리가 지상에서 살아갈 시간이 얼마 남지 않았다는 생각에 가슴이 쓰라립니다. 가까운 사람이 심각한 병에 걸리거나 숨질 때도 가슴이 몹시 아픕니다. 하지만 인생이 매우 짧다는 알아차림 탓에 실망하거나 될 대로 되라는 식으로 냉소적이게 되거나 비통한 결론에 이르는 건 아닙니다. 아무리 짧더라도 우리에겐 살아야 하는 바로 이 인생이 있습니다.

주어진 시간에 무엇을 하는지가 중요합니다. 본질적으로 가치 있는 삶을 살려면 삶에 현존해야 합니다. 방어와 겉치레에 집착하지 말고, 사소한 편안이나 덧없는 목표에 매달리지 말아야 합니다. 삶에 현존하면, 보통 감사를 느끼지 못하던 작은 일까지 포함해서 점차 모든 경험의 참된 가치에 감사하는 경험을 기르게 됩니다.

나는 면역 질환이 자주 악화되므로, 평소 아프지 않을 때 산책하고, 요리하고, 결좌부좌로 명상할 수 있을 때 특히 감사함을 느낍니다. 건강이 좋지 못할 때는 그런 활동을 할 수 없기 때문입니다. 그런데 면역 질환이 악화되었을 때에도 감사하기를 배웠습니다. 왜냐하면 병이 악화되어 오래 활동하지 못하고 가만히 있어야만 할 때, 내가 모든 것을 내맡기고 가슴속 가장 깊이 머무를 수 있는 경우가 많기 때문입니다. 감사하기에서 중요한 점은 현재 순간에 자신을 열기만 하면, 개인적 행복으로 감정이 고조되었을 때나 깊은 괴로움에 빠졌을 때나, 매우 다양한 인간 경험에서 언제나 감사함을 느낄 수 있다는 것입니다.

지금 있는 그대로 개인적 행복을 즐기는 건 아무런 해가 없습니다. 하지만 개인적 행복이 곧 진정한 만족을 주는 보다 깊은 참행복인 줄로 혼동하지 않는 게 중요합니다. 참행복은 순조로운 외부 환경에 의존하지 않습니다. 사실 더 깨어 있고 더 현존할 때 개인적 행복의 기쁨도 더 잘 느낄 수 있습니다. 그것은 지금 여기 존재하는 풍요롭고 고요한 기쁨이며, 이때 삶은 활기차고 때로는 빛나는 것처럼 느껴집니다. 하지만 설령 즐거울 때에도 무지에 사로잡혀 현존감이 없으면 경이와 감사함이 빠져 있기가 쉽습니다.

행복할 때 자연스레 감사함이 일어나는 건 분명한 사실입니다. 그러므로 행복을 경험할 때는 반드시 감사함이 포함되어 있습니다. 하지만 외부 환경이 어떻든 참행복의 본질적 근원으로서 감사함을 의식적으로 개발할 수 있는 것도 사실입니다. 다른 알아차림 수행과 더불어 밤에 회상하기 수행이나 "감사합니다"를 말하는 날 같은 방법을 사용하면 일상생활에서 감사함을 불러일으키는 데 도움이 됩니다. 그리고 점점 더 감사함을 잘 경험할 수 있게 되면 자연스럽게 참행복이 흘러나오는 걸 알게 됩니다.

3부

행복을 개발하기:
가슴에서 우러난 베풀기

10장
가슴에서 우러나온
관대함

여러 해 전에 이런 속담을 들었습니다. "한 시간 동안 행복하고 싶으면 좋은 음식을 먹어라. 하루 동안 행복하고 싶으면 섹스를 해라. 일 년 동안 행복하고 싶으면 결혼해라. 일생 동안 행복하고 싶으면 정직하게 살아라."

나는 마지막 행이 별로 마음에 들지 않아서 몇 주 동안 그것에 대해 생각하고, 묻고, 씨름했습니다. 그러던 어느 날 내가 찾던 대답이 찾아왔습니다.

"일생 동안 행복하고 싶으면 남에게 헌신하라."

주로 자신을 위해 무엇을 얻으려고 사는 것이 불행의 가장 큰 근원입니다. 그 대신 가슴에서 우러나온 관대함으로 베푸는 삶을 선택할 수 있습니다. 굶거나 아프거나 가난한 사람에게 진심으로 베풀 때, 깨어난 가슴으로 사는 관대함을 경험합니다. 그리고 근본적 유대감으로 행동한 성취감을 느낍니다. 이와 달리 대가를 기대하고 베풀 때는 즉각 실망이나 분노, 즉 불행으로 이끄는 반응이 일어납니다.

어니스트 헤밍웨이의《무기여, 잘 있거라》에 나오는 구절이 몇 년 동안 잊히지 않았습니다.

"사랑이란 누군가를 위해 뭔가 하려는 욕구이다."

이처럼 자신을 돌보는 데 그치지 않고 남의 행복도 보살피는 사랑의 태도로 살 때 가장 깊은 행복이 찾아옵니다. 그런데 역설적으로, 남을 위해 무엇을 할 때 더 행복하다는 걸 알지만, 연구 결과를 보면 자신에게 이익이 되는 것과 이타적인 것 중에 선택해야 하는 상황에서 많은 사람들은 이기적인 쪽을 선택합니다. 이 연구가 보여 주듯이, 슬프지만 우리가 항상 행복해지는 길을 따르지는 않습니다. 남에게 베풀 때 가장 깊은 행복이 오지만, 대개 이기적으로 자신만의 행복을 추구하므로 계속 소외되고, 상대가 방어하는 느낌을 받고, 분명히 불행해집니다.

상당히 큰 실망을 겪은 다음에야 이기적 삶을 넘어서 남의 행복을 바라는 욕구를 일깨우게 되는 경우가 많습니다. 하지만 그 욕구가 일어나면, 자연스러운 관대함으로 베푸는 행위를 함으로써 만성적 단절 상태를 벗어나 다른 사람들과의 유대감을 느낄 수 있습니다. 따라서 가슴에서 우러나온 관대함으로 베풀기는 진정한 만족의 참행복을 이루는 데 반드시 필요합니다.

하지만 어떻게 자연스레 가슴에서 우러나온 관대함으로 베풀어야 하는지 명확하지 않은 경우가 많습니다. 1990년대 초 나는 명상 수련회를 마친 후 비행기를 타고 집으로 가고 있었습니다. 창문을 통해 햇빛이 비쳐 들어올 때 그야말로 깊은 명쾌함과 평화의 느낌으로 충만했습니다.

그 경험은 단지 기분 좋았기 때문이 아니라 "한 걸음 더 나아가야만 한다. 두려움 때문에 물러나 있지 마라!"는 '목소리'가 함께했기에 주목할 만한 가치가 있었습니다. 나는 그 목소리가 어디서 오는지 묻지 않았고, 단지 그것이 옳다는 걸 알았습니다. 내가 몰랐던 것은 다음에 무엇을 해야 하는가였습니다. 그래서 그 '메시지'를 마음속에 새겨 두고 기다렸습니다.

몇 주 후, 내가 자원봉사하는 호스피스 기관에서 극도의 피로감에 대처하는 법을 배우는 명상 그룹을 이끌어 달라는 요청이 들어왔습니다. 당시 나는 아직 선 스승이 아니었으므로, 그 일은 내게 큰 진전이었습니다. 왜냐하면 나는 불안 탓에 꽁꽁 싸맨 고치 속에 틀어박힌 채 밖으로 나오지 않으려

하고 있었기 때문입니다. 그 일을 반드시 해야만 한다는 것이 매우 확실했습니다.

그렇게 시작해서 내가 지도하는 8주 명상 프로그램이 끝났을 때, 다른 프로그램을 계속하기 원하는 사람들을 위한 장기 명상 그룹을 다시 시작했습니다. 당시 나의 스승이 그 결정을 지지해 주고 내가 가르쳐도 좋다고 인가해 주었지만, 나는 다시 한 번 불안과 자기 회의를 다루어야만 했습니다. 그때를 되돌아보니, 설령 스승이 인가하지 않았더라도 나는 그 일을 해야만 했습니다. 왜냐하면 내게는 분명히 사람들에게 주어야 하는 것이 있었고, 오직 두려움만이 주저하게 만들었기 때문입니다.

베푸는 방법은 여러 가지입니다. 다양한 상황에서 자발적인 도움을 줄 수 있습니다. 사회 활동이나 정치 활동으로 베풀 수도 있습니다. 또 직장에서, 인간관계에서, 일상생활의 여러 상황에서 진심으로 베푸는 법을 배울 수 있습니다.

베풀기는 자원봉사를 나가서 사람들에게 생필품이나 식사를 나눠 주는 일처럼 단순할 수도 있고, 동료나 배우자가 피곤해 보일 때 보통은 하고 싶지 않은 허드렛일을 하는 것일 수도 있습니다. 또는 말기 질환으로 침대에서 꼼짝하지 못하는 환자를 처음 만나서 그 곁에 앉아 있어야 하는 일도 있습니다. 어떤 것이든 베푸는 방법은 중요하지 않습니다. 문제는, 가슴에서 우러나온 관대함으로 살기 시작할 때 필연적으로 마음속에 일어나는 많은 장벽들을 끊임없이 다루어야만 한다는 것입니다.

도움이 필요한 사람을 보면 돕고 싶은 본능적 욕구가 일어나겠지만, 순식간에 머릿속 생각이 일어나서 가슴에서 우러난 자연스러운 관대함을 압도할 수 있습니다. "무엇을 해야 할지 모르겠어" 혹은 "그 일에 관여할 수 없어" 같은 두려움에 갇힌 머릿속 생각이 의구심을 불러일으키는 겁니다. 다른 사람에게 도움의 손길을 내밀고 싶은 마음이 두려움과 자기방어 탓에 굳게 닫혀 버리기 십상입니다. 맡은 일을 제대로 못 하거나 거절당하는 걸 두려워할 수도 있습니다. 혹은 익숙한 편안함을 벗어나지 않으려는 게으름이 베풀고 싶은 욕구를 가로막을 수도 있습니다.

아마도 자신은 남에게 베풀 자격이 없다고 믿는 부정적 자기 판단에 사로잡혀 있는 경우가 매우 많을 겁니다. 그런 자기 판단은 우리가 진심으로 베풀기를 바랄 때에도 우리를 제지하고 주저하게 합니다. "나는 남에게 베푸는 사람이 아니야"라는 신념이 확고해서 아예 처음부터 우리에게 본래 있는 관대함이 일어나지 못하게 방해하기도 합니다.

무의식적으로 보답을 바라는 마음 탓에 본래 타고난 베풀려는 소망이 약해질 수도 있습니다. 호스피스나 전우회 같은 곳의 자원봉사자 중에는 유대감을 느끼고, 죄책감을 덜고, 자긍심을 높이고 싶어서 그 일을 하는 사람이 적지 않습니다. 보답을 기대하고 베풀기는 피상적으로 기분이 좋을 수 있고, 처음으로 그 일을 하는 동기가 될 수 있지만, 결코 참만족을 주지 못합니다. 그리고 이기적인 태도 없이 베풀 때 생기는 자연스러운 행복을 놓치게 됩니다.

일생 동안 행복해지는 진정한 열쇠는 왼손도 모르게 오른손이 일하는 것처럼 진심으로 베푸는 것입니다. 진심으로 관대할 때, 우리는 지금 일어나는 일 속에 스며들어 그 일과 하나가 됩니다. 이는 숨겨진 동기나 자만심 없이 베푼다는 의미입니다.

자신에게 주의를 끌거나 자아상을 드러내려고 베푸는 것이 아닙니다. 왼손도 모르게 오른손이 일하듯이 진심으로 베푼다는 것은 더 베풀어야만 한다는 생각으로 동기 유발되는 것도 포함해서 자기중심적 관심을 그만둘 수 있다는 의미입니다.

174

참베풂을 막는 장애물

참된 베풀기를 가장 많이 가로막는 것은 아마도 감사를 기대하고 베푸는 것입니다. 한 친구가 노숙자를 돕는 자원봉사 활동을 했습니다. 어느 날 커피 한잔하러 그를 만났는데, 확실히 그는 불행해 보였습니다. 그가 노숙자를 돕는 일을 그만두었다고 말하길래, 무슨 일이 있었는지 물었습니다.

"지난달에 내가 병원에 데리고 간 노숙자 알지? 길에서 따뜻하게 지내라고 내가 담요도 주었잖아. 음, 오늘 이 근처에서 우연히 그 사람을 만났어. 그런데 나에게 침을 뱉고 꺼져 버리라고 말하는 거야."

친구와 나는 그 일에 대해 조금 더 이야기를 나누었는데, 결국 그는 이렇게 말했습니다.

"있잖아, 나는 단지 그 사람이 나에게 진심으로 감사하기를 원했다는 걸 알았어."

우리 모두 이런 감정을 가질 수 있다고 생각합니다. 감사, 인정, 가치 등 자신의 욕구를 채우려는 동기를 가지고 남을 도우면, 그것은 결국 불만족을 초래하게 됩니다.

가슴에서 우러나온 관대함으로 베풀기에서 가로새는 또 다른 길은 '조력자' 정체성을 가질 때입니다. 친구든 전혀 모르는 사람이든 어려움에 처해 있으면 당연히 돕고 싶은 마음이 생깁니다. 그런데 자칫 곁길로 새서 돕기 방식 혹은 '문제 고치기 방식'에 빠지기 쉽습니다. 고통스러운 상황에서 문제를 없애 버리려고 당장 필요한 구체적인 일을 하려는 경우가 많습니다. 하지만 적극적으로 나서서 뭔가를 '하려' 할 때, 사실은 자기 자신의 불안과 무력감을 회피하려 애쓰는 것인지도 모릅니다.

내가 한 호스피스 환자의 집에 있는 동안 환자가 사망한 일이 있었습니다. 나는 심부름을 하고 가게에 다녀오는 등 유족을 '도우면서' 아주 행복했습니다. 하지만 다시 그 집으로 돌아왔을 때, 내가 그 상황에서 부닥친 불안을 직면하지 않고 회피하려고 '도왔다'는 사실이 명백해졌습니다. 그것은 참된 베풀기에서 가로샌 것이었습니다. 그것을 알고 난 후에는 유족들과 함께 머무르며 특별한 일을 하려 하지 않고 단지 나의 현존을 베풀었습니다.

자신의 어려운 상황이나 다른 사람의 고통을 맞닥뜨려 불안을 느낄 때, 저항하거나 외면하는 것은 이해할 만합니다. 우리는 알지 못하는 것을 본능적으로 두려워하기 때문입니다. 그런 상황에 본래 있는 근거 없음의 느낌을 마주하기를 몹시 두려워합니다.

하지만 가슴에서 우러나온 관대함은 우리를 끌어당겨 주

저하지 말라고 일깨웁니다. 의도적으로 자신의 경험을 마주해서 "그래"라고 말해야 한다고 다시 알려 줍니다. 자신을 활짝 열고 두려움을 맞아들일 때에만 모든 진정한 배움이 일어날 수 있는 미지의 영역을 탐구할 수 있습니다. 베풀기를 두려워한다는 걸 인정하는 즉시 두려움의 손아귀에서 한 걸음 벗어납니다. 역시 알아차림이 치유 과정의 시작입니다. 그리고 어쩔 수 없이 오랜 습성으로 한 걸음 물러나도, 똑같이 어두운 곳에 한 번 더 사로잡혀도, 적어도 다시 햇빛이 빛날 수 있다는 걸 알게 됩니다.

타고난 관대함을 가로막는 것을 다룰 때, 에고를 쳐부수려고 노력하는 게 아님을 잊지 말아야 합니다. 사실 에고는 우리가 선을 행하는 능력에서 중요한 역할을 합니다. 이때 필요한 것은 습성에 젖은 자기중심적 '나'와 동일시하기를 줄이고, 동시에 더 깨어 있고 삶 중심적인 태도로, 즉 직접 가슴으로부터 살겠다는 열망이 곧 자기 자신이라는 관점을 증가시키는 것입니다. 습성과 두려움을 다루면, 점차 가슴에서 우러나온 관대함이 자연히 흘러나옵니다. 일부러 관대해야 한다고 생각할 필요도 없습니다.

가슴에서 우러난 베풀기가 무엇을 의미하는지 숙고하면, 어느 순간 베풀기란 첫째로 포기하기를 의미할 수 있음이 명백해집니다. 오직 오그라지고 단절된 자아와 강하게 동일시 하기를 포기하는 것입니다. 그것은 판단하고 두려워하는 자아입니다. 그리고 게으름과 특권 의식, 자기 회의, 인정받으려는 욕구나 자존심의 욕구에 얽매여 우리가 본래 타고난 베풀려는 성향을 제지하는 자아입니다.

그렇지만 반복해서 알아차림 하면 오그라진 자아는 힘을 잃기 시작합니다. 그리고 자연스레 가슴에서 우러나온 관대함을 더 많은 사람들에게 확장하는 게 점점 수월해집니다. 그것은 어떤 경우에 돈이나 물건을 베푸는 것을 의미합니다. 그리고 가슴에서 우러나온 관대함이 진화하면, 우리의 관심과 현존을 베푸는 것을 의미하게 됩니다. 또 궁극적으로 우리의 가슴을 베푸는 것을 의미합니다.

단지 현존함으로써 남을 돕기

때때로 베풀기는 눈에 보이고 손으로 만질 수 있는 결과를 내지 않는 것으로 보입니다. 이를테면, 고통 속에서 외롭고 고립되어 있다고 느끼는 사람들에게 진정으로 우리 자신을 확장하면, 거의 아무 일을 하지 않고도 그들의 고통을 없앨 수 있습니다.

어떤 경우에는 단지 누군가 자신을 염려하고 있다는 사실을 알려 주는 것만으로도 충분합니다. 그러면 그들은 적어도 자신이 혼자가 아니라는 걸 알게 됩니다. 겉치레를 벗어던지고 '조력자'나 특별한 사람이 되려는 욕구를 그만둘 때, 고통받는 사람들과 함께 그저 현존할 수 있습니다. 그러면 유대가 생기고, 의식적으로는 모른다 해도 말로 드러나지 않는 진심이 연결되어 우리가 그들과 함께 있음을 그들이 알 수 있습니다.

한편 이런 작은 위로를 하려 해도 우리가 줄 수 있는 것이 없고 할 수 있는 일도 없을 때가 있습니다. 아무리 노력해도 긍정적 변화를 가져올 수 없어 보일 때는 매우 괴롭습니다. 남을 보살피지 못하고 가치가 없다고 자신을 무자비하게 판단하게 될 수도 있습니다. 자신이 허약하고, 능력 없고, 자비심이 없다고 생각하기도 합니다. 친절과 도움이 '거부당했다'고 낙담하거나 분노를 느낄 수도 있습니다.

이때는 우리의 고통스러운 경험을 곧바로 가슴 중심으로 호흡하고, 고통받는 다른 사람만이 아니라 우리 자신의 낙담, 분노, 좌절에도 자애심을 확장하는 게 도움이 됩니다. 이러한 전체 상황에 대한 자비심이 있으면 계속 베풀 수 있습니다. 그래서 마침내 결과에 상관없이 다시 한 번 가슴에서 우러나온 관대함으로 베풀 수 있을 때 생기는 깊은 유대감과 감사에 다가갈 수 있습니다.

명상 스승인 나는 많은 제자들이 습성과 두려움에 갇혀 있는 걸 봅니다. 때로는 그들에게 앞으로 나아가라고 힘주어 격려하고 싶은 마음이 간절합니다. 하지만 그러려면 그들에게 많은 인내가 필요함을 알기에, 그들이 갇혀 있는 걸 극복하는 게 얼마나 어려운지 과소평가하지 않습니다.

이를 잊지 않으면, 그들이 어느 과정에 있든 나는 그저 제자들과 함께 존재할 수 있습니다. 이런 때 줄 수 있는 것은 인내와 공감입니다. 아마도 그들을 이해하는 가슴에서 자연스럽게 흘러나오는 몇 마디 말이 그들에게 필요한 전부일 것입니다. 다른 사람이 경험하는 것에 진심으로 공감할 때, 그들은 우리가 자신의 말을 듣고 또 이해하는 걸 느낄 수 있습니다. 따라서 사람과 사람 사이의 유대 관계가 치유하는 손길을 경험할 수 있습니다.

우리가 베풀 때, 단지 공감하기보다 더 구체적인 것을 제공해야 하는 경우가 있습니다. 사회적 불평등이나 정치적 불의에 직면할 때, 그것을 해결하려면 직접 행동해야 할 수도 있습니다.

그런데 진실한 의도를 가지고 행동할 때에도 분노의 독에 중독되지 않도록 각별히 마음챙김 해야만 합니다. 어떤 상황에서는 분노하는 게 당연할 수 있지만, 분노에 따라 행동하면 우리가 의도하고 바라는 것과 반대의 결과를 초래하게 됩니다. 분노에 따라 행동하는 까닭은 닫힌 마음에 사로잡혀 있기 때문입니다. 그 결과, 참행복으로 살기를 바라는 마음이 분명히 손상될 것입니다.

하지만 분노를 결의로 변화시킬 수 있습니다. 그러면 분노의 행동 탓에 지극히 선한 의도를 손상하지 않고 내면의 평화로운 감정에 따라 행동할 수 있습니다. 그러려면 먼저 닫힌 마음 밖으로 나올 수 있을 때까지 분노와 함께 앉아 고요와 침묵 속에서 명상해야 합니다.

집에 있든 자원봉사를 하든 사회운동을 하든, 무엇보다도 베풀려는 노력의 근원과 기반은 깨어 있는 가슴이라는 것을 절대 잊지 말아야 합니다. 깨어난 가슴에 연결되지 못할 때, 아무리 노력해도 본래 의도에서 가로새게 되고, 타고난 관대함이 아니라 분노와 두려움이 우리의 행동에 먹이를 주게 됩니다.

가슴에서 우러나온 관대함으로 살고자 할 때 특별한 행동 방침이 필요하지는 않습니다. 반드시 특정 직업을 가지거나, 자원봉사를 하거나, 사회 활동이나 정치 활동에 참여할 필요는 없습니다.

미지의 것에 자신을 열고, 두려움에 따라 물러나 방어하려는 습성에서 벗어나려 하면, 심지어 전혀 가망 없어 보이는 상황에서도, 아주 사소한 방식이라도, 남에게 베풀려는 본래 타고난 가슴의 기질을 따를 수 있습니다. 언제나 "내가 무엇을 베풀 수 있지?" 하고 스스로 질문할 수 있습니다.

노숙자를 보면 돈을 기부하는 것과 더불어 아무 판단 없이 그의 눈을 바라보며 가슴의 온기를 전할 수 있습니다. 무거운 짐을 들고 힘겹게 걷는 사람을 보면 다소 시간이 걸리고 번거롭더라도 그를 도와줄 수 있습니다.

매일 수천, 수만 명의 아이들이 굶주림으로 고통받고 죽어 간다는 소식을 들으면 당장 그들을 돕고자 인터넷으로 기부할 수도 있습니다. 설령 그런 행동이 자기 자신이 굶주릴 수도 있었다는 두려움을 마주하는 것이어도 상관없습니다. 기부할 만한 돈이 없어도 기아로 고통받는 아이들의 모습을 머릿속에 떠올리고, 들숨 때 가슴 중심으로 그들의 고통받는 모습을 받아들이고, 날숨 때 그들의 곤경을 보살피는 자비심을 내보낼 수 있습니다.

남에게 베풀기의 요점은, 우리가 온 힘을 다해 베풀 때 가식 없이 베푸는 행위가 타고난 관대함을 개발한다는 것입니다. 어떤 방식이든, 양이 많든 적든, 물질이든 눈에 보이지 않는 것이든 상관없습니다. 그러면 근본적 유대 관계의 자연스러운 표현이 조금씩 발달합니다. 이렇게 열린 가슴의 친절한 본성에 따라 베풀기는 참만족을 느끼는 삶에 반드시 필요한 근원입니다.

11장
자애심

나는 여러 해 동안 전 세계에서 온 제자들에게 선을 가르쳤습니다. 똑같은 제자는 아무도 없지만 많은 제자들에게 공통된 맥락이 있습니다. 실로 내게 너무나 명백해진 것은, 자기 자신을 부정적으로 판단하고 자신이 근본적으로 부족하다고 여기는 경향이 불행의 근본 원인이라는 사실입니다. 그러므로 확고한 부정적 자기 판단을 약화시키는 법을 찾고 자애심의 깨어난 가슴으로 사는 법을 익히는 것이 말할 수 없이 중요합니다. 따라서 기대에 못 미치는 걸 두려워하고, 아무것도 아닌 존재인 걸 두려워하고, 사랑받을 가치 없는 사람인 것을 두려워하며 살기를 중단하려면 무엇이 필요한지 찾아내야 합니다.

한 제자가 선 수행은 마치 투쟁하는 것처럼 어렵다고 말했습니다. 그녀는 외롭고, 부끄럽고, 두려움을 느끼고 있었습니다. 나는 그 제자를 오래 알았고 매우 좋아했습니다. 하지만 그녀를 아무리 높이 평가한다 해도, 또 그녀가 무엇을 해야 하는지 조언하고 도움을 주려고 아무리 노력해도, 내가 그 제자의 고통을 없애 줄 방법은 없다는 사실을 깨달았습니다. 그녀 스스로 그렇게 해야 하기 때문입니다. 그렇게 내가 도울 수 있는 일이 거의 없음을 깨달을 때, 가슴으로 심호흡을 몇 번 하기를 잊지 않으려 합니다. 그러므로 그 제자를 만났을 때도 단지 들숨 때 그녀의 고통을 받아들이고, 그녀가 어려움에서 치유되기를 바라는 마음을 날숨과 함께 내보냈습니다. 그녀는 분명히 에고의 마음에 사로잡혀 있었습니다. 에고의 마음은 부끄러워하고, 두려워하고, 자신을 부정적으로 판단합니다. 또 우리의 가능성을 제한하고 많은 불행을 초래하는 게 바로 에고의 마음입니다.

사람들이 상처받고 두려워하고 자신이 가치 없다고 자책할 때, 그들이 자애심으로 자신의 경험을 보살피기를 잊지 않기를 바랍니다. 나는 그 제자에게도 가슴으로 심호흡하면서 자신의 고통을 들이쉬고, 숨을 내쉴 때 그녀가 진심으로 좋아하는 사람에게 보내는 친절을 똑같이 자신에게 보내라고 했습니다.

자애심의 핵심이 바로 지금 있는 그대로의 우리임을 이해하는 것이 중요합니다. 자애심은 우리 존재의 본질입니다. 자애심을 남에게 보내듯이 우리 자신에게도 자애심을 보내는 법을 익히는 것이 중요합니다. 자애심을 수행하면, 자애심에 따라 가슴을 일깨우고 우리의 참본성을 감싸 안는 법을 배울 수 있습니다. 자애심과 행복 사이에는 흥미로운 역동적 관계가 있습니다. 즉 점점 더 참행복의 삶을 살수록 자연히 자애심이 생기며, 이와 동시에 자애심을 기르면 참만족의 근원을 개발하게 됩니다.

자애심 수행의 핵심은 베풀기입니다. 즉 자신과 남에게 아무 조건 없는 친절을 적극적으로 베푸는 것입니다. 자애심은 가슴에서 우러나온 관대함이 자연스럽게 표현되는 것입니다. 모든 사람의 행복을 바라는 마음가짐을 기르는 것입니다. 우리는 자애심에 따라 유대감을 경험하고, 타고난 친절한 마음을 느낍니다. 아마도 포용성과 온정도 함께 일어납니다. 또 자애심 수행은 판단하는 마음에 사로잡히지 않게 도와줍니다. 자애심에는 마음이 끊임없이 판단하는 성향을 줄여 주는 개방성이 있기 때문입니다. 자애심 수행에서는 자신과 다른 사람 안에서 보통 원치 않고 나쁘다고 판단되는 측면을 밀어내지 않습니다.

전통적인 자애심 수행인 메타metta 수행에서는 일반적으로 "내가 행복하기를 기원합니다", "모든 존재들이 행복하기를 기원합니다" 같은 구절을 반복하면서 자애심을 불러일으키고자 합니다. 메타 수행의 목적은 불교 전통의 본질인 자비심을 개발하는 것입니다. 그런데 여기서는 좀 다르게 접근하려합니다. 사랑이나 친절함 같은 특정한 감정을 일으키려고 노력하는 대신, 바로 지금 있는 그대로의 우리와 진실한 친절함으로 관계 맺는 것을 강조합니다. 여기서 말하는 자애심 수행은 분노하거나 두려워서 마음이 꼭 닫힌 듯 느낄 때 숨을 들이쉬면서 지금 닫힌 마음에 대한 알아차림을 가슴 중심으로 받아들이고, 숨을 내쉬면서 자신과 다른 사람이 분노와 두려움에서 치유되기 바라는 마음을 내보냅니다.

가슴 중심으로 호흡하는 몸의 경험에 머무르면 물리적 실재에 자리 잡을 수 있고, 또 강압적이고 확고하던 판단하는 마음이 약해집니다. 그러면 자연스럽게 정확히 지금 있는 그대로의 모습으로 자신과 남들에게 가슴을 열고 깊은 친절함으로 관계 맺을 수 있습니다.

나는 15년 동안 매일 자애심 명상을 했습니다. 자애심 명상을 할 때, 가까웠던 고인들 중 내가 기억하고 싶은 측면을 전형적으로 보여 주는 분들을 마음에 떠올립니다.

한 여성은 나와 비슷한 연배의 호스피스 환자였습니다. 그녀는 암으로 여생이 얼마 남지 않았다는 것을 알았지만, 남편과 딸을 번거롭게 하기가 두려워서 자신이 원하는 걸 가족에게 말하지 못했습니다. 한번은 우유를 달라는 말도 꺼내지 못했습니다. 자신은 전혀 중요한 존재가 아니고 남에게 폐를 끼치면 안 된다는 뿌리 깊은 자기 판단 때문이었습니다.

그 장면을 보며 무척 슬펐지만, 내가 할 수 있는 일은 아무것도 없었습니다. 그래서 명상하다가 내가 염려했던 사람으로서 그녀가 생각날 때는 그녀가 가치 없는 사람인 것을 두려워했던 일이 함께 떠오릅니다. 그리고 아직까지도 그녀의 두려움은 나 자신을 속박하는 자기 판단을 알아차리도록 고무합니다. 나 자신에게로 자애심을 확장해야 하고, 판단하지 말고 가슴으로 살아야 한다고 일깨워 줍니다.

자애심은 우리의 참본성의 자연스러운 성질이지만, 대개 쉽게 일어나지 않습니다. 특히 자기 비판에 사로잡혀 자신이 실패자이며 어떤 면에서 근본적으로 '부족하다'고 여길 때는 자애심이 일어나기 매우 어렵습니다. 그때는 매우 암울하고 불행하며, 자신에게 친절함을 확장할 생각조차 못합니다. 끊임없는 자기 판단 탓에 자비의 여지가 없습니다. 그러므로 정기적으로 자애심 수행을 해야만 합니다. 그러면 자기 판단의 굳은 마음에 사로잡혀 있을 때에도 자애심에 다가갈 수 있습니다. 정기적으로 자애심 명상을 수행하면, 자기 판단이 심할 때에도 조건 없는 친절과 따뜻한 가슴을 불러일으키는 데 도움이 됩니다.

자애심을 개발하면 자신에게 결점이 있다는 생각을 그칩니다. 습성이 다시 일어나서 분노와 두려움 같은 오랜 습관에 사로잡힐 때도, 그것을 결점으로 여기지 않고 단지 묵은 습성으로 받아들입니다. 이를테면 이렇게 말하기를 배우는 겁니다. "분노야, 다시 왔구나. 이번에는 어떻게 느껴질지 자못 궁금한걸."

그다음에는 다시 몸의 느낌을 알아차림 합니다. 그러므로 호기심과 친절함으로 자신을 대하면, 거기에 약간의 유머까지 더하면 '나'가 되는 무거운 짐을 내려놓고 참행복에 반드시 필요한 홀가분한 가슴으로 살 수 있습니다.

자기 자신에 대한 자애심을 개발하면 남에게도 가슴을 열수 있습니다. 멜로드라마 같은 사연에 빠져들지 않고 자신의 고통스러운 경험으로 들어가서 진실로 머무를 때, 고통을 겪는 자신에게 자애심을 확장할 때, 자연히 똑같이 고통에 사로잡혀 있는 다른 사람에게도 공감과 자애심을 느끼는 진실한 능력을 개발하게 됩니다. 남이 우리와 다르지 않다는 것을, 다른 사람의 고통이 자신의 고통과 마찬가지임을 이해합니다. 이는 지적인 이해가 아니라 가슴으로 이해하는 것입니다. 진정으로 자신의 고통과 함께 현존하는 용기에서 나오는 이해입니다. 하지만 현존하고 자애심으로 경험을 대하는 능력을 기르려면 수행이 필요합니다. 그리고 그 능력을 효과적으로 발휘하려면 정기적으로 꾸준히 수행해야 합니다. 이제 자애심 명상 수행법을 자세히 설명하겠습니다.

| 자애심 명상 |

명상 자세로 앉거나 편히 누워서 먼저 심호흡을 몇 번 합니다. 호흡을 알아차림 하며 온몸을 이완하고 가슴 중심까지 호흡을 따라갑니다. 심장 주위의 감각을 느낍니다. 무엇을 느끼든 단지 그것을 알아차립니다. 들숨을 쉴 때마다 조금씩 더 깊이 알아차림 합니다.

자애심을 불러일으키려면, 먼저 매우 긍정적으로 느껴지는 사람을 떠올립니다. 그의 모습을 상상하고, 호흡과 함께 내면으로 받아들입니다. 이제 우리의 타고난 자애심이 일어나게 합니다.

1. 자신에게 자애심 보내기

이제 자신에게 집중합니다. 호흡하면서 다음 구절을 반복합니다.

숨을 들이쉬면서, 가슴속에 머무릅니다.
숨을 내쉬면서, 바로 지금 있는 그대로의 나에게 자애심을 보냅니다.

결점이 있거나 부족하다는 자기 판단을 포함해서, 습성에 얽매여 있는 자신을 온화한 친절함으로 대합니다. 따뜻한 마음이나 자애심이 일어나지 않으면, 그냥 그것을 인식하고 계속 수행합니다.

숨을 들이쉬면서, 가슴속에 머무릅니다.
숨을 내쉽니다. 특별한 사람이 될 필요는 없습니다.

자신이 특별하고 다정하다고 느끼려는 욕구, 어떤 사람이 되어야만 하고 어떻게 느껴야만 한다는 겉치레나 자아상으로 살기를 중단할 때 잠시 일어나는 자유를 느낍니다.

숨을 들이쉬면서, 가슴속에 머무릅니다.
숨을 내쉬면서, 단지 현존합니다.

싸우고, 뭔가 이루고, 자신의 가치를 증명하려는 욕구를 놓아 버립니다. 그리고 자연스레 현존하며 사는 광활하고 홀가분한 가슴을 느낍니다. 위 구절을 두 번 반복합니다.

2. 다른 사람에게 자애심 확장하기

이제 자애심을 보내고 싶은 가까운 사람을 떠올립니다. 들숨과 함께 그 사람의 이미지를 가슴 중심으로 받아들입니다. 날숨 때 그에게 자애심을 확장하면서 아래 세 구절을 반복합니다. 저항을 느끼면 그냥 그것을 인정하고, 무엇이 방해하는지 경험합니다.

[그 사람]을 들이쉬고,
"당신이 가슴속에 머무르기를 기원합니다."

[그 사람]을 들이쉬고,
"당신이 고난에서 치유되기를 기원합니다."

[그 사람]을 들이쉬고,
"당신의 가슴이 다른 사람들에게 열리기를 기원합니다."

자애심 명상에 포함하고 싶은 다른 사람의 이름으로 바꾸면서 이 구절을 반복합니다.

3. 모든 사람에게 자애심을 확장하기
마지막으로 알아차림을 모든 사람에게 확장합니다. 모든 사람에 대한 알아차림을 들숨과 함께 가슴 중심으로 가져오고, 날숨 때 아래 세 구절을 반복하면서 모든 이들에게 자애심을 확장합니다.

모든 사람을 들이쉬고,
"여러분 모두 가슴속에 머무르기를 기원합니다."

모든 사람을 들이쉬고,
"여러분 모두 고통에서 치유되기를 기원합니다."

모든 사람을 들이쉬고,
"여러분 모두의 가슴이 다른 사람에게 열리기를 기원합니다."

4. 끝으로
이 수행의 첫째 구절 **숨을 들이쉬면서, 가슴속에 머무릅니다**를 반복하면서 진실된 현존감으로 이완합니다.

자애심 명상에서 유의할 점

자애심 개발하기는 우리의 습성의 일반적인 성향을 거스르는 것이므로, 자애심 명상을 정기적으로 하는 것이 중요합니다. 이따금 하루 종일 자애심 수행을 하는 것은 매우 효과적으로 자애심 명상을 익히는 방법입니다.

일부 제자들은 자애심 명상이 너무 복잡하고, 암송해야 하는 구절이 너무 많다고 합니다. 하지만 성실히 수행하는 사람은 명상의 정신을 견지하면서 명상 구절을 익히는 법을 찾아내는 것 같습니다.

자애심 명상의 구절은 단순한 긍정과는 다릅니다. 일반적으로 우리의 느낌이나 환경을 바꾸려고 긍정하기를 사용하는 일이 많지만, 자애심 명상의 구절들은 아무것도 바꾸려는 게 아닙니다. 존재하는 모든 것을 광대한 가슴 안에서 경험하려는 것입니다.

자애심 명상을 처음 할 때 조용히 자신에게 명상 구절을 반복하는 게 어색하고 낯설게 느껴질 수도 있습니다. 또 집중해서 가슴 중심으로 숨을 들이쉬고 내쉬는 게 불편할지도 모릅니다. 하지만 어색함, 판단, 회의론, 그밖에 다른 어떤 것을 느끼든, 자애심 명상을 계속 수행하는 것은 충분히 가치가 있습니다. 판단하는 마음의 심각한 해로움을 완화하고, 만성적 단절 상태를 타개하는 데 자애심 명상보다 더 효과적인 수행을 나는 알지 못합니다. 가슴 중심으로 호흡하기에는 설명하기 어렵지만 부인할 수 없는 힘이 있습니다. 그리고 수행 생활에서 정기적으로 자애심 명상을 하면 그 힘에 다가갈 수 있습니다.

어떤 사람은 자애심 명상에서 자신을 활짝 여는 것에 위협을 느껴서 저항하거나, 심지어 자애심 명상을 경멸합니다. 또 많은 이들은 자애심 명상을 할 때 자신을 속이고 있다고 느낍니다. 자애심을 경험하는 것이 거짓일 거라고 생각하는 겁니다. 그런데 자애심 명상에 대한 이런 부정적 생각을 믿는다고 해서, 그것이 반드시 사실일까요? 당연히 그렇지 않습니다! 단지 우리가 그렇게 믿을 뿐입니다. 판단에 얽매이는 걸 피할수록 귀중한 것에 가슴을 열 수 있을 것입니다.

정기적으로 자애심 수행을 할 때, 그것은 단지 명상 수련에 불과한 것이 아닙니다. 우리 존재의 일부가 되고, 삶에 대한 자연스러운 반응의 일부가 됩니다. 그리고 어딘가에 갇혀 있다고 느낄 때면 언제나, 몇 번 가슴속으로 호흡하기를 기억할 수 있습니다.

12장
직업에서 베풀기

우리는 하루 중 많은 시간을 직장에서 보내고, 결과적으로 인생의 많은 기간을 일하면서 보냅니다. 집 밖에서 일하든 재택 근무를 하든 마찬가지입니다. 그런데 인생의 많은 기간을 일하면서 보내지만, 정말 행복하게 일하는 사람이 얼마나 될까요? 정확한 통계 수치는 모르지만, 거의 모든 사람들이 자신의 일에 대해 불평하는 것 같습니다. 그리고 자신의 직업이 참행복의 근원이라는 생각을 하는 사람은 거의 없습니다.

일할 때 행복하지 못한 까닭은 흔히 개인적 응어리를 안고 일하기 때문입니다. 만일 점점 더 많이 애쓰고 자신의 가치를 증명하는 전략으로 인생을 살면, 성공하고자 끊임없이 자신을 채찍질하는 쳇바퀴에 갇혀 있게 될 것입니다. 하지만 설령 성공해도 여전히 마음속에서는 남이 자신을 가치 없다고 판단하는 것을 두려워합니다. 이 두려움을 해결할 때까지 늘 근심하고 불행할 것입니다. 다른 사람을 기쁘게 하는 전략으로 인생을 사는 것도 마찬가지입니다. 남에게 인정받으려는 욕구에 따라 동기부여가 되고, 남이 인정해 주지 않는 것을 걱정하는 사람은 근본적으로 신경을 곤두세우고 살기에 거의 틀림없이 불행해집니다. 아무리 일을 잘하고 아무리 많은 인정을 받아도 소용없습니다.

우리는 생산적인 존재가 되려는 강한 충동을 타고 났고, 그래서 많은 것을 성취할 수 있지만, 남의 인정을 바라는 개인적 응어리 탓에 성취로 얻은 만족감은 쉽게 손상됩니다. 예를 들어, 높은 지위에 오르거나 동료보다 뛰어나려는 욕구에 사로잡힌 채 일을 하면, 생산적이고 창조적으로 일할 때 자연스레 일어나는 성취감을 제대로 느끼지 못합니다. 또 그 결과, 일할 때 계속 불행합니다. 이런 삶의 전략이 분명히 행복으로 이끌지 못하는데도 상식을 무시한 채 완고하게 그 전략에 매달립니다.

일에서 행복을 구하는 전략은 특히 결실을 얻지 못할 것이 분명하므로, 약간 정신 나간 것처럼 들릴지도 모릅니다. 하지만 우리는 정말 제정신이 아니고, 말도 안 되는 방식으로 실재를 왜곡합니다. 간단히 말해 우리는 인간입니다!

한 손님이 맞춤 양복점에서 정장을 입어 보다가 양복장이에게 말합니다. "이쪽 소매를 좀 줄여야겠어요. 5센티쯤 긴데요."

그러자 양복장이가 대답합니다. "아닙니다. 손님이 이렇게 팔목을 구부리면 됩니다. 그러면 소매가 꼭 맞습니다."

손님이 다시 "그러네요. 그런데 팔목을 구부리니까 칼라가 너무 높아지는데요"라고 하자, 양복장이는 "간단합니다. 이렇게 머리를 뒤로 제치고 높이세요"라고 대답합니다.

또 손님이 말합니다. "하지만 이젠 오른쪽 어깨가 왼쪽 어깨보다 8센티 낮아졌어요."

이번에도 양복장이는 "그거야 허리를 오른쪽으로 구부리면 되지요. 이제 아주 보기 좋네요"라고 대답합니다.

손님은 그렇게 양복을 입고 가게를 나섭니다. 팔목을 밖으로 구부리고, 머리는 뒤로 젖혀 위로 들고, 허리도 구부린 채 말입니다. 그는 경련이 일어난 듯이 온몸을 비틀면서 걸을 수밖에 없습니다. 그 옆을 지나던 두 사람이 말합니다.

"저 사람 장애가 꽤 심한데. 너무 안됐다."

"그러게 말이야. 그런데도 양복이 꼭 맞는 걸 보면 양복장이가 대단한가 봐!"

이렇게 자신을 뒤틀거나 재단해서 삶에 억지로 끼워 맞출 필요 없습니다. 그 대신, 먼저 우리가 어디에 얽매여 있는지 명확히 알고, 비생산적 행위를 하게 만드는 신념과 두려움을 다루면 됩니다. 겹겹이 쌓인 개인적 응어리를 다루기 시작하면, 실재라는 옷은 우리에게 훨씬 더 잘 맞아 보입니다.

어떻게 보면 일할 때의 불행에 먹이를 주는 개인적 응어리는 직업 자체와는 관련이 없습니다. 늘 똑같은 개인적 응어리와 불안을 가지고 있다면, 설령 직업을 바꾸어도 별 도움이 안 됩니다. 이런 습성을 매우 효과적으로 변화시킬 수 있는 길은 행복에 대한 세 가지 질문을 하는 것입니다.

첫 번째 질문, '바로 지금 나는 참으로 행복한가?'는 우리가 실제로 어떻게 느끼는지 인식하는 것을 도와줍니다. 사실 자신이 어떻게 느끼는지 모르는 사람이 많습니다.

두 번째 질문, '무엇이 행복을 가로막는가?'는 가치 없다고 판단받는 두려움이나 인정받지 못하는 두려움과 같이 우리가 두려움에 의해 행동하는 곳이 정확히 어디인지 밝혀 줄 수 있습니다.

세 번째 질문, '지금 있는 그대로에 내맡길 수 있는가?'는 불안의 경험을 기꺼이 맞아들일 수 있게 도와주고, 불안의 물리적 감각을 가슴 중심으로 호흡할 것을 다시 알려 줍니다.

알아차림이 치유한다는 근본 원리에 따라, 불안을 기꺼이 맞이하고 불안과 함께 머무르는 법을 익히면, 확고하던 불안감이 훨씬 약해집니다. 다시 말하지만, 불안의 경험을 다른 것으로 바꾸거나 완전히 없애려 애쓰는 게 아닙니다. 그저 불안을 기꺼이 맞이하고, 있는 그대로 그 자리에 놓아두는 것입니다.

그런데 불안과 개인적 응어리에서 더 자유로워져도, 자신의 성격과 기질 그리고 삶의 관심사에 적합한 직업을 찾는 일은 중요합니다. 수행을 열심히 하는 것과 상관없이 자신에게 잘 맞는 직업이 있기 마련입니다.

하지만 자신에게 가장 잘 맞는 일과 직업을 어떻게 결정할까요? 또 우리가 원하는 직업이 현실적으로 수입이 너무 적다면 어떻게 해야 할까요?

그래서 직업을 선택하는 건 참 어렵습니다. 게다가 유감스럽게도 많은 사람들이 논리적인 머릿속 생각만으로 직업을 선택합니다. 어떤 직업을 선택하는 게 가장 좋은지 명확히 알기를 바라며 저울질하고 이리저리 살펴봅니다. 이 방법이 유용할 때도 있지만, 우리의 가슴에 가장 가까운 것에 접촉하는 데 전혀 도움이 되지 못합니다. "가슴에는 생각으로는 도저히 알 수 없는 이유가 있다"는 파스칼의 말은, 머릿속 생각에는 한계가 있다는 사실을 일깨웁니다. 그렇다면 무엇을 해야 할까요? 가슴 깊은 곳의 지혜를 아는 길은 무엇입니까?

나는 20대 중반에 적당한 직업을 찾느라 무척 심란했습니다. 컴퓨터 프로그래머로 성공했지만, 그것은 당시 나의 내면에서 존재를 부각시키고 있던 고요한 작은 목소리에 반향을 일으키지 못했습니다. 그래서 '옳은' 직업을 찾으려는 조바심 탓에 곳곳에 스며든 깊은 불안을 느꼈습니다.

나는 그때 막 수행을 시작했는데, 내가 신뢰하는 어떤 분이, 무슨 일을 할지 생각하기를 멈추고 불안이 일어날 때마다 불안과 함께 온전히 현존하며 머물러야 한다고 조언해 주었습니다. 그런데 그때는 그런 방식을 이해하지 못했고, 쉽사리 불안의 물리적 느낌과 함께 머무르지도 못했습니다. 하지만 필사적이었던 나는 몇 주 동안 온 힘을 다해 수행했습니다.

그렇게 수행하던 어느 날, 정말 난데없이 목수가 되는 것이 내가 가야 할 길이라는 사실이 의심의 여지없이 확실해졌습니다. 목공의 재능이라곤 전혀 없는 몸무게 54킬로그램의 인텔리에게 목수가 된다는 건 인생의 도약이 아니라 웃기는 일이었습니다! 하지만 목수가 되어야 한다는 결정이 너무 확고해서 아무것도 나의 결심을 바꿀 수 없었습니다. 그리고 많은 어려움을 헤치고 나는 목수가 되는 길을 걸었습니다. 결론적으로 나는 목수이자 건설업자로서 오랫동안 만족할 만한 경력을 쌓았습니다.

여기서 요점은 나의 결정이 머리로 생각해서 나온 게 아니라는 것입니다. 모른다는 불안 및 의심과 함께 현존하며 머무를 때 나온 결정이었습니다. 그러므로 여간해서 머릿속 생각을 버리지 못하는 게 문제입니다. 그리고 제대로 알고 있다고 생각할 때 생기는 잘못된 통제감을 몹시 믿고 싶어 하는 것도 문제입니다. 하지만 옳은 직업을 찾을 때 더 도움이 되는 건 인내하는 것, 모른다는 경험과 온전히 현존하며 머무르는 것입니다. 이것은 머릿속 생각이 잘못된 질문을 하는 일이 많기 때문에 특히 중요합니다. 대개 직업에서 무엇을 얻을 수 있는지 알고 싶어 하지만, 역설적으로 일을 할 때 오는 참행복은 얻는 것에서 오는 게 아니라 베푸는 것에서 옵니다.

무엇을 제공해야 하는가?

남에게 봉사할 때 자연히 행복이 일어나지만, "무엇을 제공해야 하는가?"라고 질문할 생각을 하는 사람이 얼마나 있습니까. 나는 지금 반드시 남에게 베풀어야만 한다는 도덕적 이상에 따라 베푸는 것을 말하는 게 아닙니다. 자신의 이상에 따라, 혹은 대가를 바라고 남에게 베풀 때, 결국 분노와 원한을 초래하는 경우가 많습니다. 그리고 그것은 각 사람이 독특하게 기여할 수 있는 것을 베푸는 것과는 전혀 다릅니다. 나는 아무 보답을 바라지 않고 가슴에서 우러나 베푸는 것을 말하고 있습니다.

북캘리포니아에서 일하는 청소부가 있었습니다. 그는 동네를 돌며 쓰레기를 청소할 때 늘 이웃 사람들에게 손을 흔들어 인사했고, 아침에 소음으로 방해가 되지 않으려고 매우 조심했습니다. 자기 돈을 들여 쓰레기 트럭을 보기 좋게 칠하기도 했습니다. 그래서 사람들에게 인기가 많아졌고, 한번은 그를 시장으로 뽑자는 청원이 시작되었습니다. 하지만 그 소식을 듣자마자 그는 청원을 중지시켰습니다. 그리고 그는 단지 청소를 열심히 하고 싶을 뿐이라고 말했지요. 그는 직업에서 해야 하는 일을 하면서 남에게 베풀고 사람들에게 필요한 것을 제공할 때 온 힘을 기울임으로써, 이기심 없이 베풀 때 생기는 성취감과 행복을 뚜렷이 경험했습니다.

우리가 직업에서 제공해야 하는 걸 주는 것은 딱히 남에게 베푸는 것처럼 보이지는 않습니다. 나는 몇 년 동안 목수로 일한 후에 건축업자가 되었고, 개인 주택을 전문적으로 짓는 작은 건설업체를 15년 넘게 운영했습니다. 그런데 마지막 몇 년 동안은 건설 현장에 조화로운 작업 환경을 조성하는 데 많은 노력을 기울였습니다. 그런 일을 시작한 것은 한 건축주가 내게 이렇게 말했기 때문입니다.

"이건 내가 처음이자 마지막으로 짓는 집이 될 거요. 내 집을 짓는 일이 종종 들었던 악몽 같은 소문과 달리 정말 좋은 경험이 되기를 바랍니다."

그 말을 듣고는 단지 좋은 집을 짓는 것에서 더 나아가, 집을 짓는 동안 건축주는 물론 보수가 가장 적은 노동자까지, 관련된 모든 사람들이 긍정적 경험을 하려면 내가 무엇을 할 수 있는지 숙고했습니다.

노동자들은 내가 명상 수행을 하는지 알지 못했고, 나도 그들에게 명상을 가르칠 생각이 전혀 없었습니다. 그 대신 나는 수행의 일부로서 모든 노동자들을 공평하게 대하고, 내가 원하는 대로 작업이 진행되지 않아도 아무에게도 소리 지르지 않았습니다. 그리고 부정적인 생각과 감정을 나타내는 사람을 진정시키려고 노력했습니다. 이따금 건축주와 하청업자 사이에 다툼이 일어나려고 할 때는 항상 모두가 함께 앉아 의논하게 했고, 각자 추가 비용의 1/3씩 부담하는 데 동의하도록 중재했습니다. 그럼으로써 아무도 일방적으로 이용당했다고 여기지 않았고, 건설 현장에서 모두가 조화롭게 일하는 분위기를 만들 수 있었습니다.

나는 건축업자로서 단지 좋은 집을 짓는 것에서만 보람과 만족을 느꼈던 것이 아닙니다. 사람들이 상호작용하는 혼란스럽고 복잡한 세상에 명상가로서 나의 이해와 경험을 적용해서 관련된 사람들이 모두 조화롭게 일할 수 있는 작업 환경을 만드는 길을 찾으려고 모든 노력을 다하는 것도 내가 건축업자로 일하는 보람과 만족이었습니다.

우리가 무엇을 제공해야 하는지 스스로 물을 때 대답이 금방 떠오르지 않을지도 모릅니다. 여기서 요점은 각 사람이 독특하게 기여할 수 있는 면이 있다는 것입니다. 모든 사람이 사회운동가나 교사가 되어 남을 돕는 명백히 이타적인 길을 걸을 수는 없습니다. 하지만, 진부한 말이지만 이른바 남을 해치지 않으면 내가 잡아먹힌다는 사업계에서도 전반적인 작업 환경을 개선하는 일에 성심껏 노력하는 법을 익히면 큰 만족을 얻을 수 있습니다. 또 다른 방법으로, 직장에서 통찰과 온정을 비롯한 대인 관계 기술을 제공함으로써 보다 깊은 행복이 일어날 수 있습니다. 그것은 자칫 냉정하고 비인간적인 분위기일 수 있는 직장에서 온전한 정신과 명랑함을 고양하는 길입니다. 또 다른 면에서, 단지 매일매일 직장에서 온 힘을 기울여 일함으로써 기여할 수 있습니다.

우연히 스타벅스에서 일하는 젊은 여성을 알게 되었습니다. 그녀는 언제나 내게 따뜻한 미소를 지으며 친절히 인사했습니다. 그녀에게 혹시 기분이 안 좋을 때는 없는지 물어보았습니다.

"물론 기분이 별로 좋지 않을 때도 있어요. 하지만 손님을 유쾌하게 대하는 게 나의 소명이니까요. 내 기분에만 매달리면 그렇게 할 수 없어요."

우리는 다른 사람에게 무엇이 필요한지 생각해야 할 뿐만 아니라, 각자 무엇을 제공해야 하는지도 고려해야 합니다. 자신의 소명을 찾는 데는 시간이 걸리겠지만, 그것은 직장에서 보통 자기중심적인 태도로 일하는 것과는 매우 다른 길입니다. 근본적으로 돈을 벌고 높은 지위에 오르려는 목적으로 일할 때는 참성취감을 맛보기 어렵습니다. 그 이유는 일을 할 때 자신만이 독특하게 기여할 수 있는 가능성을 소중히 여기는 마음이 빠져 있기 때문입니다.

어떤 직업이라도 본래 의미가 있는 것은 아니라는 사실을 우리는 자주 잊습니다. 의사라는 직업이 병원 잡역부보다 본래 더 의미 있는 건 아닙니다. 사실 많은 의사들은 웬만큼 성공해도 많은 돈과 지위, 감사를 얻을 수 있다는 기대를 다 채우지 못해 극도로 피로해합니다.

그 반면에 대형 병원의 잡역부들에 대한 연구에서 자신을 병원 팀의 일부로 생각하는 잡역부들은 참성취감을 느꼈습니다. 잡역부들이 자기중심적 욕구를 채우는 것보다 환자들의 평안을 더 많이 헤아렸기 때문입니다. 잡역부들은 주로 변기를 치우고 복도를 청소했는데, 의사와 간호사를 도우려고 정해진 업무 외의 일도 했습니다. 그들은 남에게 기여하는 데 수고를 아끼지 않았던 것입니다. 앞에 말한 북캘리포니아의 청소부처럼, 병원 잡역부들은 온 힘을 기울여 봉사함으로써 자신의 일에서 가치를 발견했습니다. 또 자신들이 병원의 전반적인 치유 환경에 기여한다고 생각하는 데서 만족을 느낄 수 있었습니다.

직장에서 일할 때 행복을 찾으려면 기본적인 두 가지가 필요합니다. 첫째, 감사받으려고 더 열심히 일하거나 인정받으려고 무슨 일이든 하는 것 같은 습성을 인식해야만 합니다. 이런 습성은 참행복을 누릴 기회를 가로막기 때문입니다. 둘째, 그런 습성을 인식한 후에는 단순하고 반복되는 기본적인 수행을 해야만 합니다. 우리가 마음속 두려움이 지시하는 대로 느끼고 행동하는 것을 알아차림 하는 평범한 노력을 매일매일 해야 합니다. 이런 단순하고 반복적인 수행은 낭만적이거나 극적이지는 않습니다. 시간과 끈기가 필요하고, 때때로 좌절감에 빠지기도 합니다. 하지만 궁극적으로 치유하는 건 알아차림이라는 사실을 자주 스스로 일깨울 수 있습니다.

자신의 경험과 현존하며 머무르기와 더불어, 자신의 일에 접근하는 근본적 태도를 옳은 방향으로 바꿀 수 있습니다. 대개 그러듯이 "이 일을 하면 뭐가 이득이지?"라고 묻지 않고 "이 일을 하면서 무엇을 제공해야 하는가?"라고 질문하는 것입니다. 자신만의 독특한 재능으로 남에게 베푸는 법을 배울 때, 얻기보다 베풀기를 더 중시하는 삶을 사는 깊은 성취감을 느낄 수 있습니다. 또 가슴에서 우러나온 관대함으로 베푸는 것이 참만족에 이르는 필수적 근원임을 알게 됩니다.

13장
인간관계에서
베풀기

많은 사람들이 인간관계에서 개인
적 행복을 얻기를 바랍니다. 분명히 배우자, 친구, 가족과 원
만한 관계를 맺을 수 있고, 그때 삶은 여러 면에서 풍요롭습
니다.

하지만 인생의 많은 불행도 인간관계에서 비롯됩니다. 이
렇게 삶에서 인간관계가 매우 큰 역할을 하는데, 이상하게도
인간관계에서 불행이 일어나는 원인을 전혀 모르는 경우가
적지 않습니다. 또 인간관계에서 비롯된 불행을 어떻게 해결
해야 하는지도 명확히 모릅니다.

인간관계에서 행복해지는 법을 말하는 책들이 많이 나와
있습니다. 그런 책들은 주로 자신에게 딱 맞는 짝을 고르는

법, 의사소통을 잘하는 법, 욕구를 만족시키는 법, 문제를 해결하는 법을 알려 줍니다. 그런 기술적 방법은 일부 도움을 주기도 하지만, 개인적 행복을 얻고자 애쓰는 데 불과합니다. 여전히 외부 조건에 의존하고, 감정과 집착이 고조되거나 가라앉는 데 사로잡혀 있습니다. 인정하기 어려울 수도 있지만, 인간관계에서 느끼는 개인적 행복은 아무리 즐겁고 의미 깊어도 대개 자기중심적 문제를 만족시키는 데 의존합니다. 따라서 개인적 행복에서는 우리가 도달할 수 있는 보다 깊고 참된 행복을 발견하기 어렵습니다.

이와 반대로 인간관계에서 참행복은 당면 과제, 욕구, 기대 등 보통 우리가 덧붙이는 조건들이 가로막지 않을 때 자연스럽게 생깁니다. 자기중심적 동기에 몰두하기를 그만둘 수 있을 때 자신이 원하는 것을 얻으려는 관점으로 인간관계를 바라보지 않게 됩니다. 그리고 가슴에서 우러난 관대한 태도를 가질수록 자연히 우리는 베풀기를 원합니다. 그것을 잘 알았던 헤밍웨이는 이렇게 말했습니다.

"사랑이란 남에게 뭔가 해 주려는 욕구이다."

그런데 문제는 남에게 베풀기가 전혀 쉽지 않다는 것입니다. 즉 대개 인간관계가 매우 복잡하고 혼란스러울 뿐만 아니라 우리가 습성에 깊이 물든 채 행동하므로, 타성에서 벗어나고 또 인간관계가 참만족을 얻는 풍요로운 길이 되려면, 이상적인 베풀기보다 더 많은 것이 필요합니다.

인간관계에서 베풀기가 무엇을 의미하는지 탐구하기 전에, 먼저 일반적으로 인간관계란 무엇인지 살펴보겠습니다. 우리는 항상 무언가 얻기를 바라며 인간관계를 맺습니다. 낭만적 사랑의 관계뿐만 아니라 가족, 직장, 친구 그리고 우연히 만나는 관계도 그렇습니다. 자신이 인간관계에서 뭔가 기대한다는 사실을 인식하지도 못하는 경우가 많습니다. 하지만 인간관계에서 어려움이나 갈등이 생겼을 때는 그 원인이 우리의 기대가 채워지지 않았기 때문일 공산이 큽니다. (물리적 위험이 있는 어려움을 말하는 게 아니라 인간관계에서 흔히 일어나는 일을 말하는 것입니다.)

더 구체적으로 말하면, 아주 우연한 만남부터 매우 밀접한 관계까지, 어떤 인간관계를 맺든 우리는 상대에게 기대하는 것이 있습니다. 즉 상대가 힘이 되고, 고마워하고, 다정하고, 믿을 만하고, 친절하기를 바랍니다. 또는 말쑥하고 조용하기를 바라기도 합니다.

요점은 우리가 언제나 상대가 어떤 사람이어야만 한다는 자기만의 생각을 가지고 있다는 것입니다. 왜 그럴까요? 상대가 어떤 사람이기를 바라는 이유는 결국 우리가 어떻게 느끼고 싶기 때문이라는 결정적 사실로 귀결됩니다. 즉 우리는 안전함, 안도감, 통제감과 상대가 감사하고 경청한다고 느끼기를 원합니다.

이런 기대가 채워지지 않을 때 자동적으로 인간관계에 어려움이 생기고 실망과 분노와 두려움을 느낍니다. 최근 인간관계에서 일어난 갈등을 떠올리고, 그때 여러분이 어떤 기대를 가지고 있었는지 생각해 보세요.

여러분은 상대가 어떤 사람이기를 원했는지, 또 자신이 어떻게 느끼게 해 주기를 바랐는지 알고 있나요? 자신이 무엇을 기대하는지 알기 어려울 때는 "지금 어떤 상황이어야만 하지?" 혹은 "상대가 어떤 사람이어야만 하는 거지?"라고 자신에게 물으면 도움이 됩니다.

불행히도 대개는 자신이 무엇을 기대하는지 알기 위해 내면을 살펴보지 않고, 누구를 비난할지 혹은 어떻게 상황을 수습할지만 골똘히 생각합니다. 거의 언제나 인간관계에서 생기는 어려움을 해결해야 하는 문젯거리 혹은 극복해야 하는 장애물로 여깁니다. 이런 관점은 단기간에는 효과적일 수 있고, 갈등을 일시적으로 해소해서 어느 정도 안정감을 느낄 수 있을지도 모릅니다. 하지만 그렇게 해서는 보다 깊은 평정심의 참행복에 결코 이를 수 없습니다. 왜냐하면 인간관계에서 생기는 어려움이 불편하게 느껴져도, 그것은 단지 해결해야 하는 문제에 불과한 것이 아니라는 매우 중요한 사실을 우리가 이해하지 못하기 때문입니다.

인간관계에서 생기는 어려움이야말로 자유로 가는 바른 길입니다. 즉 인간관계에서 어려움을 겪으면서 삶으로 더 깊이 들어가고, 불행을 초래하는 바로 그것을 다루게 됩니다. 즉 삶이 어떠하기를 바라고 상대가 어떤 사람이기를 바라는 욕구와 우리가 어떻게 느껴야만 한다고 생각하는 특권 의식을 다루는 것입니다.

원하는 것을 얻지 못하고 기대를 채우지 못해 실망하면, 가장 고통스럽고 치유되지 못한 감정을 촉발하는 일이 많습니다. 고통이나 분노 혹은 불안을 느낄 때, 바로 그 반응이 우리가 가장 단단히 얽매여 있는 곳을 알려 줍니다. 또 우리가 다루어야만 하는 것을 정확히 가리킵니다. 그러므로 우리가 물러나든 공격하든, 비난하든 달래든, 자기 정당화를 하든 자기비난을 하든 상관없이, 사실은 고통스러운 감정을 피하고자 외부 상황을 고치려 애쓰는 데 사로잡혀 있는 것입니다. 또 자신의 경험과 함께 머무르고 이해하는 진정한 치유를 놓치고 있습니다.

인간관계에서 일어나는 어려움을 명확히 밝히고 다루는 매우 유용한 도구는 다시 세 가지 질문으로 돌아가는 것입니다. 첫째, 바로 지금 나는 참으로 행복한가? 둘째, 행복을 가로막는 것은 무엇인가? 셋째, 지금 있는 그대로에 내맡길 수 있는가?

6장에서 세 가지 질문을 적용하는 사례들을 말했습니다. 기본적으로 첫 번째 질문은 종종 우리 스스로 알지 못하는 실제 자신의 느낌을 알아차리는 데 도움이 됩니다.

두 번째 질문은 기대, 욕구, 치유되지 못한 고통 등 우리가 습성에 얽매여 있는 곳을 보여 줍니다. 우리가 무엇을 기대하는지 명백히 알고 겉으로 나타난 감정 반응을 제대로 다루면, 대개 우리가 가장 깊은 두려움을 느끼기 시작하는 불편한 곳에 도달합니다. 그것은 가치 없는 존재가 되는 두려움, 혼자가 되는 두려움, 다시 마음을 다치는 두려움, 거부당하는 두려움, 통제하지 못하는 두려움이나 안전하지 못한 두려움입니다. 이런 두려움이 반드시 타당하지 않을지도 모르지만, 우리는 마음 깊은 곳에서 그 두려움이 사실이라고 믿습니다. 그리고 두려움은 확실히 우리의 느낌과 사는 방식을 좌우하고, 따라서 진정한 만족을 얻을 기회를 차단합니다.

마지막 세 번째 질문은 두려움을 직면하는 경험의 과정으로 우리를 이끕니다. 거의 언제나 인간관계 속 불행의 근원에는 두려움이 있습니다. '지금 있는 그대로에 내맡길 수 있는가?' 세 번째 질문을 하면 우리가 두려움의 지배에서 벗어나게 도울 수 있습니다. 그것은 두려움을 기꺼이 맞아들이고, 실제로 두려움을 느끼는 것입니다. 두려움을 느끼는 것을 참을 수 없다고 생각할지 모르지만, 사실 두려움이 너무 불안하게 느껴지기 때문에 두려움을 느끼고 싶지 않은 것뿐입니다.

하지만 점차 두려움과 함께 현존하며 머무를 수 있는 용기와 확신을 기를 수 있습니다. 여기서도 다시 한 번, 치유하는 것은 알아차림이라는 것을 배웁니다. 그러면 한때 너무 확고하고 다가갈 수도 없다고 느꼈던 두려움이 점차 훨씬 더 다루기 수월해집니다.

이렇게 내면에서 습성과 두려움으로부터 자유로워지면, 인간관계에서 생길 수 있는 사랑과 연대감이 우리를 통해 더 자연스럽게 흘러나옵니다. 방어하는 태도가 누그러지면 가슴이 열리고, 가슴에서 우러나온 관대함으로 베풀려는 자연스러운 욕구가 생깁니다.

그리고 인간관계에서 진정한 행복은 기대를 충족시키고 원하는 것을 얻는 데 있지 않고, 남을 행복하게 하려고 기꺼이 베푸는 데 있다는 사실을 발견합니다. 거의 모든 부모가 언젠가 그것을 경험했습니다. 부모는 자신을 돌보지 않고 자녀에게 무조건 베풀 때 가장 깊은 기쁨을 느낍니다. 그런데 불행히도, 인간관계가 점점 더 복잡해지면서 특히 가슴에서 우러나와 베풀려는 타고난 욕구가 두려움에 밀려날 때 이런 진실은 쉽게 잊힙니다.

하지만 습성과 두려움을 잘 다루면 다시 자연스러운 반응으로 베풀게 됩니다. 나의 제자인 한 남성은 아내가 다른 남성들과 친하게 지내는 탓에 심한 질투와 독점욕을 느껴서 몹시 괴로워했습니다. 그의 아내는 외도를 하지 않았고 사귀려고 남성들에게 접근하지도 않았습니다. 단지 매우 외향적이고 다른 사람에게 순수한 흥미를 가졌을 뿐입니다. 그렇지만 다른 남성에게 친밀한 아내의 태도가 그의 깊은 두려움을 불러일으킨 것입니다. 그는 아내의 행동을 억제하려 했지만, 아내는 자신을 통제하려는 남편에게 화를 냈습니다.

그런데 그는 자신의 반응을 더 깊이 살펴보고, 또 자신이 부족하다는 깊은 두려움을 기꺼이 맞아들이고 함께 머무르기를 조금씩 배우면서, 점차 먹구름 같은 두려움에서 자유로워졌습니다. 그러자 아내에게 본래 그녀 자신이 될 자유를 줄 수 있었습니다. 그것은 "반드시 ~이어야만 한다"라는 태도에서 나온 게 아니라 가슴에서 우러나온 관대함에서 비롯된 자연스러운 반응이었습니다.

하지만 먼저 그는 아무리 원치 않고 불쾌하더라도, 자신의 문제와 깊은 두려움을 명확히 알고 거기에 온전히 머물러야만 했습니다. 그 결과 아내에게 관대한 태도를 가질 수 있었고, 궁극적으로 참행복에 이를 수 있었습니다.

남에게 베풀려는 타고난 기질을 가로막는 두려움을 다루는 것이 열쇠입니다. 몇 년 전 만난 호스피스 환자는 매우 내성적으로 보였고, 솔직히 말해서 거의 쌀쌀맞을 정도였습니다. 호스피스 관리자가 그 환자는 화를 매우 잘 내고 다른 사람에게 소리를 지르곤 한다고 주의를 주었습니다.

그런데 나는 실제로 어떤 일이 벌어지는지 알고 싶었습니다. 그를 변화시킬 수 있다고 생각하지 않았지만, 되돌아보니 내가 그에게 친절하면 그 역시 내게 친절할 것이라는 기대를 했습니다. 하지만 친절하게 대해도 그는 아무런 영향을 받지 않았고 여전히 내성적이고 거의 냉담했습니다. 내가 어떻게 반응할지는 뻔했습니다. 조건이 주어지면 금세 오랜 습성이 되살아나는 겁니다. 그때 그의 행동이 나의 깊은 두려움인 기대에 미치지 못하는 두려움과 노력을 인정받지 못하는 두려움을 불러일으켰습니다.

그런데 다행히 당시의 상황을 매우 명확히 알았으므로, 나는 그를 더 친절히 대해서 내가 바라는 걸 얻고자 더 많이 애쓰지 않고, 두려움의 경험을 온전히 느끼려고 했습니다. 그에게 인정받고 상황을 통제하려는 욕구에 사로잡히지 않은 겁니다. 그래서 두려움을 기꺼이 맞아들이고 가슴 중심으로 두려움의 감각을 호흡하자 놀라운 일이 일어났습니다.

그가 나를 어떻게 느끼든 상관하지 않게 된 것입니다. 그 대신 다른 사람들이 자신을 공격하고 제지한다고 느끼며 감옥에 갇힌 것처럼 지내는 그에게 진정한 공감을 느꼈습니다. 그래서 다음번 방문했을 때는 그를 변화시키려는 의도로 그와 친밀해지려고 노력하지 않았습니다. 그리고 그가 괴로움에서 벗어나기를 바라는 진심으로부터 자연스러운 친절이 우러나왔습니다.

두려움에 사로잡히지 않게 되자, 매우 자연스럽게 가슴에서 우러나와 그에게 베풀게 되는 것이 바로 친절이었습니다. 그리고 그는, 비록 숨지기 전 얼마 안 되는 기간에 크게 변하지는 않았지만, 분명히 온 힘을 다해 방어적이던 태도를 놓아버리고 진심 어린 온기를 베풀 수 있었습니다.

우리가 무엇을 기대하는지 명확히 아는 법을 익히고 우리를 몰아가는 두려움을 다루면, 인간관계에서 남에게 베푸는 타고난 능력을 개발할 수 있습니다.

그런데 남에게 진심으로 베풀기 전에 우리가 두려움에서 완전히 벗어나기를 기다릴 필요는 없습니다. 가슴에서 우러난 자연스러운 관대함을 가로막는 장애를 직접 다루기 위해 의도적으로 베풀기를 연습할 수 있기 때문입니다. 베풀고 싶은 욕구가 없을 때에도 의도적으로 베풀면 틀림없이 왜 저항하는지 밝혀지고, 가슴을 열지 못하게 가로막는 것을 다룰 기회가 생깁니다. 의도적으로 베풀기를 할 때, 머릿속의 이상적 관념이나 "반드시 ~이어야만 한다"는 신념에 따라 행동하는 게 아닙니다. 베푸는 행동이 우리에게 용기를 주어, 내면에서 해결해야 하는 것을 다루게 도와줄 수 있다는 것을 이해하고 행동하는 것입니다.

예를 들어, 배우자의 말을 귀 기울여 듣기 어려울 때, 의도적으로 경청하기라는 선물을 주려고 진심으로 노력하겠다고 결심할 수 있습니다. 하지만 경청하겠다고 결심하면 저절로 경청하게 되는 것은 아닙니다. 진정으로 경청하려면 '나'를 내려놓아야만 합니다. 조바심과 지루함과 내가 옳다는 욕구를 그만두어야 하는 겁니다. 상대가 말할 때 나의 의견을 궁리하기를 중단해야 하고, 가슴을 열고 상대가 무엇을 말하고 느끼는지 알아차려야 합니다. 그런데 '내가' 주인공인 드라마를 사랑하는 데 익숙해져 있다면 '나'를 내려놓기는 정말 어렵습니다.

그래도 의도적으로 경청하려 노력하면 가슴 중심으로 호

흡하기를 알아차리며 머무를 수 있고, 그러면 '나'의 자기중심적 마음에 사로잡히지 않고 물리적 경험에 집중할 수 있습니다. 상대가 하는 말을 명확히 알려고 질문하기를 익힐 수 있고, 자신의 저항을 다루려 노력하는 과정에서 점차 진심으로 경청하기를 자연스럽게 선물할 수 있으며, 자신에게 관심을 가지는 것만큼 상대에게도 관심을 가질 수 있습니다.

이것은 의도적인 베풀기의 한 예입니다. 의도적인 베풀기의 다른 예는 특히 망설이는 경향이 많을 때 더 터놓고 정직하게 말하기 연습을 하는 것입니다. 그런데 정직하고 영혼을 꾸밈없이 드러내려는 욕구가 지나친 경우가 있습니다.

한 남성이 고해실에 들어가 신부에게 말했습니다. "저는 일흔다섯 살인데, 어젯밤에 아리따운 스물한 살 아가씨 두 명과 함께 잤습니다."

그러자 신부가 물었습니다. "마지막 고해성사를 한 건 언제입니까?"

그가 대답했습니다. "저는 한 번도 고해성사를 한 적이 없습니다. 저는 유대인입니다."

신부가 다시 물었습니다. "그런데 왜 제게 그걸 말하지요?"

그 남성이 힘차게 대답했습니다. "저는 아무에게나 다 말합니다."

이 우스운 이야기는 해가 없고 약간 과장되었지만, 대체로 남에게 정직하다는 것은 생각하고 느끼는 걸 아무거나 다 말한다는 의미가 아닙니다. 먼저 내면에서 정직하고 분명해야 합니다. 그다음에는 부처님이 가르쳐 준 점을 점검해서 의사소통할 때 말을 순화할 수 있습니다. '말하는 때가 적절한가?', '그 말이 반드시 필요한가?', '친절히 말하는가?'

물론 삶은 혼란스럽고 복잡하고 예측할 수 없으므로, 의도적으로 베풀 때 단순한 공식이 있을 수는 없습니다. 하지만 의도적으로 베풀기의 요점은 우리로 하여금 두려움과 거기서 비롯되는 미숙함을 다루게 하는 것입니다. 이것은 특히 다른 사람이 간절히 원하지만 우리가 정말 주고 싶지 않은 것을 주려고 할 때 적용됩니다.

이런 마음의 움직임이 일어나는 것을 더 잘 이해하려면, 친한 사람을 한 명 떠올려 보세요. 그리고 그 사람이 당신에게서 받기 원하지만 당신이 주려 하면 분명히 저항을 느끼는 것을 생각해 보세요. 당신이 줄 수 있지만 주기 싫은 것을 말하는 겁니다. 이렇게 생각해 보면, 의도적으로 남에게 주는 행동을 하면 매우 효과적으로 우리가 가장 깊이 얽매여 있는 바로 그곳을 직면하게 된다는 걸 알 수 있습니다.

내면에서 "안 돼"라는 목소리가 나오는데도 의도적으로

베풀기를 적극적으로 실행하면, 우리를 얽매는 층층이 쌓인 분노와 두려움을 다루는 기회가 됩니다. 두려움을 직면하면 '자아'를 포기하는 자유를 경험할 수 있습니다. 자아를 포기함은 상황이 우리 마음대로 되기를 바라는 욕구를 포기하기이고, 통제하려는 욕구를 포기하기이며, 자신이 옳기를 바라는 욕구를 포기하는 것입니다. 그러면 궁극적으로 두려움에 지배당하지 않고 자연스레 가슴에서 우러나 베풀 때 생기는 참행복을 누릴 수 있습니다.

예를 들어 배우자가 비판에 매우 민감한 경우라면 배우자에게 판단하지 않음을 베풀기로 결심할 수 있습니다. 말이나 말 아닌 다른 어떤 것으로도 판단과 비판을 삼가려고 노력하는 것입니다. 그렇게 할 때, 상대가 어떠해야만 한다고 요구하기를 포기함으로써, 어쩔 수 없이 원하는 걸 얻지 못하는 두려움을 직면하게 됩니다.

다른 예는 배우자가 혼란을 두려워하는 경우입니다. 그때는 집안일과 재정 관리를 배우자에게 맡기기로 결심할 수 있습니다. 그럼으로써 배우자가 진심으로 원하는 독립성을 의도적으로 베풀 때, 우리는 상상 속의 혼란이나 통제 불능 상태를 두려워하는 마음을 직면할 수밖에 없습니다. 또 이렇게 두려움을 직면하는 것은 과제로서 의도적으로 베풀기에서 더 나아가, 막히지 않은 가슴에서 우러나 자연스럽게 베푸는 가능성에 이릅니다.

| 판단하지 않는 날 |

의도적으로 베풀기 수행의 가치를 알려면 이렇게 연습해 보세요. 자주 만나는 사람 중 당신이 자꾸 판단하게 되는 이를 선택합니다. 일주일 중 하루를 골라, 아침에 일어나서 잠들기 전까지 그 사람에 대한 판단과 비판을 하지 않는 겁니다. 특히 격한 감정을 일으키는 판단을 삼갑니다. 그에 대한 비판적 생각과 감정에 빠지기를 피한다는 의미입니다. 다시 말해, 그에 대한 판단이 일어나면 단지 판단이 일어난 사실만 인식하고, 판단을 되새기거나 입으로 말해서 확고하게 하지 말아야 합니다. 단지 그에 대한 판단이라는 신념을 가질 때 생기는 몸의 긴장을 알아차리는 것입니다.

이 연습의 요점은 행동을 바꾸거나 감정을 억누르는 게 아니고, 우리가 자신을 직면하게 하는 것입니다. 모두가 베풀기 원하지만 실행하기는 가장 어려운, 판단하지 않기를 상대에게 베풀 때, 사실 우리 자신에게 큰 선물을 주는 것입니다. 그 선물은 내가 판단하고 비판하는 것은 언제나 상대방보다 나 자신에 대한 판단과 비판이라는 사실을 볼 기회입니다. 이것을 이해하면, 보다 수월하고 직접적으로 가장 깊은 두려움과 집착을 다룰 수 있는 기반을 얻게 됩니다.

하지만 이 연습의 진정한 가치를 깨달으려면 몇 주 이상 연습해야 한다는 것을 명심하기 바랍니다.

인간관계에서 베풀기의 결론

인간관계에서 가슴으로부터 우러나 베풀려면 적극적으로 두려움을 다루어야 합니다. 그러면 결국 특권 의식을 포기해야만 합니다. 인간관계가 언제나 수월하고 기분 좋아야만 한다는 신념 혹은 다른 사람이 나의 불안을 없애 줄 수 있어야만 한다는 신념을 버려야 합니다.

이런 특권 의식은 행복을 가로막는 큰 장애물입니다. 왜냐하면 특권 의식을 간파하기 전에는 자신의 두려움을 스스로 책임지려 하지 않기 때문입니다. 바로 그 두려움이 진정한 유대를 가로막습니다. 두려움을 직면해야 한다는 걸 깨닫지 못하면 자신에게서 단절되고, 그 결과 다른 사람들로부터도 단절됩니다. 그러면 인간관계가 만족스럽지 못하고 피상적 관계에 지나지 않을 것입니다.

이와 달리 자신의 두려움과 친밀해져 두려워하지 않으면 남들에게도 진정한 친밀감을 느낄 수 있습니다. 이것이 인간관계에서 이루어질 수 있는 사랑과 행복의 진정한 토대입니다.

비난하기, 자신이 옳아야 하는 욕구, 두려움으로 인한 방어 같은 권력 투쟁을 대신해서 보다 깊은 행복과 참만족이 생기면, 인간관계는 사랑이 자연스레 흐르는 물길이 될 수 있습니다. 그러면 남에게 베풀기는 내키지 않는 힘든 일이 아니라 가슴에서 우러나온 관대함의 자연스러운 표현이 됩니다. 바로 이때가 인간관계 속에서 평범하고 일상적인 상호작용까지도 인간적 유대에 따른 참행복으로 충만하게 되는 순간입니다. 그때 특별한 일이나 노력을 할 필요가 없고, 그래도 남들과 함께 나누는 삶의 모든 사소한 일들이 보다 풍요로워질 수 있습니다. 이 편안함과 감사함은 매우 자연스럽게 느껴집니다. 하지만 유감스럽게도 그것은 저절로 일어나지 않고, 지속적으로 수행해야 얻을 수 있습니다. 즉 현재 순간에 머무르기를 배우고, 감사와 자애심을 개발하고, 의도적으로 베푸는 법을 배우고, 또 남에게 베풀려는 노력을 가로막는 것을 다루는 법을 배워야 합니다.

수행이 무르익으면, 많은 일상의 소소한 순간들이 다른 사람들과 함께하는 내면의 기쁨으로 통하는 입구가 됩니다. 아내 엘리자베스는 잘 웃는데, 때때로 그녀의 미소는 환히 빛나는 아내의 참본성과 인간으로서의 참본성을 반영하고 일깨워줍니다. 그리고 나는 아내가 웃는 모습을 볼 때, 아무것에도 얽매이지 않은 존재의 자연스러운 상태인 참행복에 어렵지 않게 다가갈 수 있습니다.

인간관계에서 베풀기의 요점은, 삶을 우리 마음대로 하려는 자기중심적 동기로 관계 맺기를 그만둘 때, 인간관계가 바

로 우리가 찾는 깊은 행복에 이르는 가장 풍요로운 길이 될
수 있다는 것입니다. 그때 사랑이란 남이 우리를 행복하게 해
주는 것이 아니라 다른 사람들이 행복하기를 바라는 것이라
는 단순하지만 심오한 진리를 발견할 수 있습니다.

14장
용서하기

아마도 가장 많은 사람들이 얽매여 있는 곳, 그래서 가장 행복을 방해하는 것은 분한 마음에 집착하는 것입니다. 용서할 수 없는 사람이 단 한 명이라도 있다면, 가슴이 비통함으로 꼭 닫히고 참행복의 평정을 결코 경험하지 못할 것입니다.

실제로 용서는 깨달은 가슴을 가진 사람들의 본성입니다. 안타깝지만 우리는 저절로 용서하지 못합니다. 용서는 정말 어려운 일입니다! 누군가 우리에게 나쁜 짓을 했다고 느낄 때, 우리가 얼마나 끈질기게 억울하다는 생각에 매달리는지 돌아보세요. 심지어 그런 태도가 분명히 자신을 불행하게 할 때도 억울한 생각을 그만두지 못합니다.

첫 결혼에서 나와 전처는 전형적인 권력 투쟁을 했습니다. 두 사람 모두 원한에 빠지고 집착했습니다. 심지어 이혼한 후에도 나는 분한 마음을 놓아 버리기 어려웠습니다. 우리는 친구 같은 관계를 유지했지만, 종종 날이 선 대화를 주고받았습니다.

그러다 내가 원한에 집착해서 자신을 해치고 있음을 분명히 알았을 때, 용서 명상을 하기 시작했습니다. 정말 놀라웠던 점은 전처를 용서한다는 생각만으로도 내 마음속에 큰 저항이 일어난 것입니다. 용서 명상에는 전처의 모습을 머릿속에 떠올리고, 호흡과 함께 전처의 모습을 가슴속으로 받아들이는 과정이 있었습니다. 그런데 그때마다 본능적인 거부에 부딪혔습니다. 마치 전처를 가슴 밖으로 밀어내는 것 같았습니다. 다행히 용서 명상은 그런 저항을 허용했습니다. 몸으로 느껴지는 거부감을 무시하고 건너뛰는 게 아니라 함께 현존하는 것이었습니다.

시간이 흘러 저항이 좀 줄어들자, 마음속에서 여러 층의 분노와 상처를 느낄 수 있었습니다. 그 감정은 전처와 관계를 시작했을 때 품었던 기대가 채워지지 않은 결과였습니다. 사실 당시에는 내게 그런 기대가 있는지도 몰랐지만, 그 기대가 충족되지 못했을 때 배신감을 느끼고, 분개하고, 비통했습니다. 그리고 그런 반응이 정당하다고 확신했습니다.

그런데 분한 마음에 집착한 신념과 감정이 지어낸 사연을 보다 잘 알아차리게 되고, 전처를 비난하지 않으면서 고통과 함께 머무를 수 있게 되자, 먹구름이 걷히기 시작했습니다. 그러자 전처의 모습을 가슴속으로 받아들이며 호흡하기와 용서를 확장하기가 수월했습니다. 사실 전처가 일부러 내게 상처를 준 것은 결코 아니었으니까요. 우리가 서로에게 무지하고 상처를 주었기 때문에 원한과 권력 다툼이 일어났다는 것을 명확히 알게 되었을 때, 자연스럽게 용서가 일어났습니다.

이렇게 되기까지 여러 해 동안 더듬거리고 비틀거려야 했지만, 마침내 우리는 원한을 완전히 놓아 버릴 수 있었습니다. 그래서 몇 년 전 전처가 숨을 거둘 때까지 친구로서 서로를 진심으로 사랑하게 되었습니다. 그것은 우리가 서로를 진정으로 용서하는 데 무엇이 필요한지 배우지 못했다면 결코 일어날 수 없는 일이었습니다.

토너먼트에서 우승 상금을 받은 한 골프 선수에 대한 이야기를 불교 스승인 잭 콘필드가 들려주었습니다. 그 선수가 주차장으로 가는데, 한 여성이 다가와서 그녀의 아기가 심한 병이 들었다는 매우 가슴 아픈 사연을 말했습니다. 그 아기는 서둘러 치료를 받지 못하면 곧 숨질 운명이었습니다. 골프 선

수는 즉시 상금으로 받은 수표에 서명을 해서 그 여성에게 주었습니다. 한 달 후 한 친구가 그 골프 선수에게, 그날 주차장에서 있었던 일을 전해 들었는데 사실은 그 여성이 사기꾼이고 아픈 아기도 없다는 이야기를 들었다고 했습니다. 그러자 그 골프 선수가 말했습니다.

"그것참 오랜만에 들은 가장 기쁜 소식이네. 아기는 죽지 않겠구먼."

그 골프 선수는 배신당할 두려움에 사로잡히지 않은 게 분명했습니다. 배신을 두려워했다면 억울하다고 느꼈을 것이고 그 여성에게 분한 마음이 생겼을 겁니다. 그가 원통함을 느끼는 쪽을 선택했다면, 틀림없이 많은 사람들이 그럴 만하다고 생각했겠지요. 하지만 그는 가슴의 목소리를 들을 수 있었습니다. 그건 원한에 집착하는 냉담한 습성이 아니라 자연스레 남의 평안을 염려하는 가슴이었습니다.

삶이 순조로울 때 남에게 친절하기는 그리 어렵지 않습니다. 또 쉽게 용서할 수도 있을 겁니다. 하지만 삶이 어려워지면 수행의 깊이가 여지없이 드러납니다.

진정한 친절이란 남이 우리를 어떻게 대하든 늘 친절한 것입니다. 즉 우리가 어떤 상황에서 무엇을 느끼든 상관없이 늘 친절한 것입니다. 솔직히 말해서, 억울함을 느낄 때 머리와 가슴에서 친절함이 일어나기는 정말 어렵습니다. 그런데 참행복을 얻으려면 궁극적으로 진정한 친절과 용서가 있는 내면 깊은 곳으로 가야만 합니다. 다시 말해, 우리가 가슴속으로 들어가지 못하게 가로막는 것에 주의를 기울여야만 합니다.

용서 수행에서 배운 가장 중요한 것은 원한을 내려놓기가 얼마나 어려운지 과소평가하면 절대 안 된다는 것입니다. 분한 마음이 우리 가슴을 꽁꽁 닫아 걸고 우리를 해치는 걸 알면서도, 상식으로 이해할 수 없을 만큼 완고하게 원한에 집착하기도 합니다.

그런데 다행히 용서 수행과 참행복에 이르는 길의 일부는 먼저 그 길을 가로막는 장애물을 인정하는 겁니다. 우리가 있어야만 한다고 생각하는 곳이 아니라 지금 있는 곳에서 시작합니다.

요즘 제자들에게 용서 수행을 가르칠 때, '저항을 인정하기'와 '저항이 있을 때 저항의 물리적 경험과 함께 현존하며 머무르기'가 얼마나 중요한지 강조합니다. 이렇게 저항을 받아들이면 우리 자신에 대해 정말 많은 것을 배울 수 있습니다.

용서하기가 왜 그리 어려울까요? 그 이유는 누군가 말이나 행동으로 우리를 해칠 때 일어나는 일이 복잡하기 때문입니다. 우리는 일어난 사건에만 반응하는 것이 아니라, 그때 그 사건이 불러일으킨 과거의 고통에 더 크게 반응하는 경우가 많습니다. 왜냐하면 고통을 느낄 때 흔히 자신의 가장 깊은 습성에 다가가기 때문입니다. 그러면 무력감이나 가치 없는 존재라는 느낌이 일어나고, 당연히 방어 기제는 자칫 겪기 쉬운 고통을 회피하려고 되받아 공격하기를 원합니다.

이렇게 되면 대개 상대를 비난합니다. 우리가 옳다고 주장하고, 상대를 깎아내리고 자신을 높이려 합니다. 하지만 이때 가슴에 갑옷을 둘러 방어하는 것입니다. 그리고 상대를 비난해서 분노에 먹이를 주면, 분노는 점차 원한과 비통함으로 변합니다.

이 역동적 과정에서 가장 슬픈 일은 분노, 비난, 원한의 증후군에 빠질 때 자신의 가슴에서 단절되는 것입니다. 원통함에 집착할 때 삶은 잔뜩 오그라지고, 끊임없이 닫힌 가슴으로 살아가는 불행을 경험할 수밖에 없습니다. "복수하기 위해 살면 무덤을 두 개 파게 된다"는 히브리 속담이 있습니다. 원한에 얽매인 인생을 살면 상대는 물론 자신까지 해칩니다.

이런 이유로 용서 수행의 첫 단계는 가슴과 본성을 거스른 것을 후회하는 것입니다. 어느 순간, 원한에 집착한 탓에 상대가 우리를 해치는 것보다 우리가 자신을 더 해치는 것을 이해하게 됩니다. 그 이해가 전환점이 될 때 실제로 용서의 과정에 들어갈 수 있습니다.

언젠가 잘 아는 사람이 공개적으로 나를 공격했습니다. 나의 첫 반응은 격한 분노였고, 곧이어 그를 판단하고 비난했습니다. 나를 공격한 사람의 단점을 찾아내기는 쉬웠고, 그의 행동을 이용해서 나의 분노를 정당화하고 독선적으로 나를 더 우위에 두기도 어렵지 않았습니다.

그런데 다행히 나의 반응이 뭔가 잘못되었음을 느꼈습니다. 나의 분노와 원한은 가장 큰 고통, 즉 내가 상처받고 배신당했다는 느낌을 실제로 느끼지 않으려 회피하는 반응이었다는 사실이 곧 명확해졌습니다. 그리고 분노와 원한의 길을 따름으로써 나 자신을 가슴에서 단절하기로 선택했고, 확실히 그 사람으로부터도 단절하기를 선택했다는 것도 점차 분명해졌습니다. 그가 고통스러운 감정을 일으켰다고 비난하기는 쉬웠지만, 사실은 내가 분노와 독선적 방어에 몰두해서 나 자신의 길을 잃었던 것입니다.

그런 격렬하고 혼란스러운 경험을 할 때가 바로 용서 수행이 가장 필요한 순간이며, 동시에 용서하기가 가장 어려운 때입니다. 그 일이 일어났을 때 원한을 품는 어둠의 길을 선택한 걸 후회하는 경험을 한 후, 나는 제일 먼저 비난하기를 그만두었습니다. 내 마음이 그 사람을 깎아내려서 자신의 정당함을 주장할 때마다 나 자신에게 글자 그대로 "그러지 마!"라고 말했습니다. 그리고 열감, 위축감, 불편함 등 강렬한 몸의 물리적 경험과 함께 머무르려고 노력했습니다. 이렇게 현재 순간의 분노의 경험에 머무르고 내맡기자 강렬한 몸의 느낌이 조금 약해지기 시작했습니다. 하지만 아주 사라지지는 않았습니다. 수년 동안 수행을 했지만, 내 안의 무언가는 여전히 원한에 집착하고자 싸우고 있었습니다.

그때 용서 명상을 하기 시작했습니다. 내게 등 돌린 그 친구의 모습을 가슴속으로 호흡하려고 노력했습니다. 처음에는 저항이 심했습니다. 여전히 내 마음은 상대의 잘못을 찾아내고, 얼마나 억울한지 강조하고 싶어 했습니다.

그런데 저항이 점차 누그러지면서 의식의 표면 아래 숨겨져 있던 다른 감정들이 일어나기 시작했습니다. 먼저 상처의 층이 있었고, 그 아래에 슬픔과 상실의 경험이 이어졌습니다. 그보다 밑에는 무력감의 두려움이 있었고, 더 깊은 곳에는 더 심한 단절의 두려움이 있었습니다.

그 경험 안에 머무르며 가슴 중심으로 물리적 감각을 호흡할 때, 나는 점차 가슴의 치유력을 느꼈습니다. 그리고 마침내 조용히 진심으로 그 친구에게 "용서한다"라고 말할 수 있었습니다.

용서 수행을 하는 동안, 내가 비난과 원한의 길을 선택한 탓에 그 친구가 나를 해친 것보다 훨씬 더 심하게 내가 스스로를 해쳤다는 사실이 아주 생생히 드러났습니다. 그리고 그 고통은 끊임없이 자꾸 되살아났습니다. 또한 그의 행동은 틀림없이 그의 고통에서 비롯되었으며, 아마 나도 거기에 어떤 역할을 했다는 것도 명백해졌습니다.

이것은 지적으로 해명하거나 분석한 것이 아니라는 점을 이해하는 게 중요합니다. 나 자신의 괴로움을 경험하고 거기 머무르려는 적극적인 노력에서 나왔습니다. 그리고 진정한 용서를 경험한 곳에 도달하자, 매우 수월하게 그 친구에게 자비심을 느끼고, 자연스럽게 그가 행복하기를 바랄 수 있었습니다.

수년 전 그 일이 일어난 후, 조금이라도 원한의 감정이 불쑥 나타날 때마다 나 스스로 세 가지 질문을 하고 답합니다.

첫 번째 질문, 바로 지금 참으로 행복한가? 내가 조금이라도 원한을 가지고 있으면 참행복을 누릴 수 없는 건 당연합니다.

두 번째 질문, 행복을 가로막는 건 무엇인가? 남을 비난하는 데 몰두하는 것은 분명히 행복과 사랑을 막는 큰 장애물이라는 것이 분명해졌습니다.

세 번째 질문, 지금 있는 그대로에 내맡길 수 있는가? 참만족을 얻는 열쇠는 단순히 지금 이 순간 경험하는 바로 그것과 현존하며 머무르는 능력이고, 경험에 대한 생각과 판단에 집착하지 않는 것이라는 사실을 거듭 확인했습니다. 다시 말해, 사람과 사건에 대한 자신의 생각에 빠지지 말고 몸의 감각을 느끼는 데 집중해야 합니다.

집중적인 용서 수행을 자주 할 필요는 없을지도 모릅니다. 하지만 아무리 사소해도 원한에 사로잡혀 있는 한 평정심의 깊은 행복으로 살아가는 능력은 가로막힐 것입니다. 용서 수행은 바로 그 가로막힌 곳으로 우리를 이끌어서, 원한을 낳은 감정의 고통을 다룰 수 있게 해 줍니다. 용서 수행을 하면 다른 무엇보다도 자신의 가슴과 다시 연결될 수 있습니다. 하지만 실제로 용서 수행을 하는 유일한 길은 꾸준히 수행하는 것입니다. 몇 번이고 거듭해서 자신의 경험으로 되돌아오고, 그 과정에서 겹겹이 쌓인 분노와 두려움을 하나씩 사라지게 하는 것입니다.

| 용서 명상 |

용서 명상 1단계 : 뉘우침

자신의 가슴을 거슬렀던 것을 후회한 일을 떠올려 보세요. 원한에 집착해서, 상대가 우리를 해친 것보다 더 심하게 자신을 해치는 일을 말합니다.

용서 명상 2단계 : 저항과 함께 머무르기

원한을 느끼는 사람을 상상하고, 그 모습을 가슴 중심으로 호흡해 보세요. 저항이 느껴지면 억지로 하지는 마세요. 저항이 누그러질 때까지 그저 저항의 '물리적 경험'과 함께 머무르세요. 저항이 누그러지려면 용서 명상을 여러 번 해야 할 것입니다.

용서 명상 3단계 : 내맡기기

있는 그대로에 내맡길 수 있는가? 자신에게 물어보세요.

상처, 분노, 원한, 비통함, 두려움 등 무엇을 느끼든 그 감정의 물리적인 경험과 함께 머무르려고 하세요. 강렬한 생각이 일어나면 그것에 이름을 붙이고, 계속해서 몇 번이고 다시 몸의 감각으로 돌아오세요. 그리고 점차 고통스러운 느낌을 들숨과 함께 가슴 중심으로 호흡하려고 노력합니다.

내면의 싸움 없이 고통스러운 느낌이 가슴속에 머무를 수 있을 때까지 그렇게 호흡합니다. 용서 수행을 꽤 여러 번 해야 이 단계를 할 수 있을 것입니다.

용서 명상 4단계 : 용서

조용히 다음과 같이 용서의 말을 합니다.

[그 사람의 이름을 말합니다.]
"당신을 용서합니다.
당신이 한 일을 용서합니다.
일부러 그랬든 그렇지 않았든
당신이 한 일 탓에 나는 고통을 겪었습니다.

당신을 용서합니다.
당신의 행동이 고통에서 비롯되었음을 알기 때문입니다."

용서의 말이 가슴에서 자연스럽게 나올 때까지 몇 번이고 용서 명상을
반복합니다. 그때 용서의 말은 용서를 도와주는 도구가 아니라 단지 친
절한 참자비심을 표현한 말입니다.

파악하기 어려운 행복이라는 건 도대체 무엇인가? 다시
이 질문을 해서 처음 시작한 곳으로 돌아가 봅니다. 개인적
행복은 원하는 걸 얻거나 기쁨을 경험할 때 생기는 좋은 느
낌입니다. 이와 달리, 보다 깊고 더 참된 행복의 경험은 자기
중심적 생각과 감정에 사로잡히지 않을 때 존재의 본래 상태
를 말합니다. 참행복은 참만족을 경험하는 것, 지금 있는 그대
로의 삶이 근본적으로 괜찮다고 느끼는 것이며, 에고의 오그
라진 마음이 원하는 걸 얻으려 집착하지 않는 것이고, 원하는
대로 삶이 이루어지기를 요구하지 않는 것입니다.

개인적 행복은 신화, 즉 근거 없는 믿음 위에 서 있습니다.
그 신화는 좋은 직업, 좋은 짝, 좋은 신체 등 원하는 것을 얻으
면 행복해진다고 합니다. 아주 잠깐 동안은 그럴지도 모르지

만, 외부 조건에 의존한 행복은 인생의 피할 수 없는 충격을 견딜 수 없습니다. 행복의 신화의 필연적 귀결은, 어떤 불안이든 원치 않는 일이 일어나면 행복할 수 없다는 것인데, 이것도 진실이 아닙니다. 심각한 병으로 고통받은 많은 사람들은 오랜 불편 속에서도 참평정을 경험할 수 있음을 알게 되었습니다.

행복의 신화를 뒤쫓아 원하는 대로 삶을 조작하고 통제해서 행복을 얻으려 애쓴다면―성공하려고 더 열심히 노력하고, 남을 기쁘게 하려 하고, 편안함과 재미를 찾아다니고, 심지어 평온해지고자 수행을 해도― 끊임없이 개인적 행복과 불행 사이를 오가는 롤러코스터에 갇혀 있는 것입니다. 그리고 슬프게도, 정확히 지금 있는 그대로 현재에 머무르는 법을 배울 때 일어나는 진정한 만족을 결코 맛보지 못할 것입니다.

현재에 머무르기는 그리 쉽지 않지만, 스스로 세 가지 질문을 하는 것은 매우 효과적입니다.

"바로 지금 나는 참으로 행복한가?"

첫 번째 질문에 의해, 보통 모호하게만 알고 있는 자신의 마음 상태를 명확히 알아차릴 수 있습니다.

"행복을 가로막는 건 무엇인가?"

두 번째 질문은 자기 판단이나 비난, 분노, 두려움 등 우리가 갇혀 있는 곳을 정확히 볼 수 있게 해 줍니다. 실제 무슨 일이 일어나는지 명확히 알지 못하면 행복을 가로막는 것을 효과적으로 다룰 수 없습니다.

"지금 있는 그대로에 내맡길 수 있는가?"

세 번째 질문이 핵심 열쇠입니다. 그것은 아무리 어려워도 우리의 경험을 자유로 가는 길로서 기꺼이 맞아들여야 함을 일깨워 줍니다. 또 정확히 바로 지금 경험하는 것에 머물러야 하며, 머릿속 생각으로 흔한 멜로드라마를 지어내면 안 된다고 알려 줍니다.

현존하기, 즉 현재 순간의 물리적 실재에 머무르고 내맡기기는 별로 신나거나 매력적이지 않아 보일 겁니다. 하지만 지금 있는 그대로와 함께 현존하면, 겉으로 확고해 보이는 자신을 가둔 한계—특권 의식, 신념과 판단, 깊이 간직한 감정과 행동 양식—를 점차 꿰뚫어 볼 수 있습니다. 그래서 나와 나의 것이라는 오그라진 자기중심적 세계의 견고함이 약해짐에 따라, 점점 더 지금 있는 그대로의 자신과 삶의 보다 광대한 감각으로 살 수 있습니다.

인생의 목적은 행복해지는 게 아닙니다. 분명히 누구나 행복하기를 원하지만, 인생의 목적은 진정한 자신으로 깨어나는 것입니다. 진정한 자신과 더 많이 접촉할수록 참행복에 더 가깝게 살 수 있습니다. 현재 순간의 경험에 머무르는 법을 익히면, 남들과 연결되려는 우리의 참본성에는 한계가 없음을 점차 알게 됩니다. 신념에 매달리고 습성에 빠져 행동하며 제한된 세계에 갇혀 있는 이유는 단지 사물을 이해하고 살아남으려는 것입니다. 하지만 한정된 세계에만 갇혀 있으면 존재의 신비에서 차단됩니다. 그리고 우리의 본성인 열린 가슴으로 사는 참만족에서도 단절됩니다.

우리가 다른 사람과의 유대에서 가장 간절히 바라는 것은 가슴에서 우러난 자연스러운 관대함으로 베풀기입니다. 진정 행복한 삶을 살 수 있는 '비밀'이 따로 있는 건 아니지만, 가장 깊은 평정의 행복은 현재 순간의 실재와 함께 머무르는 능력과 함께 자라납니다. 또 본래 타고난 감사, 자애심, 용서의 능력을 포함해서 가슴에서 우러나온 관대함의 뿌리에 물을 줄 때 가장 깊은 평정의 행복이 활짝 피어납니다.

무엇이 참행복을 가로막는지 알게 됨에 따라, 자연스러운 행복이 일어나려면 무엇을 포기해야만 하는지 알게 됩니다. 쉼 없이 머릿속으로 생각하기를 그만두고 현재 순간의 물리적 실재에 머무를 때, 자신에게 편안해지는 평정심을 누릴 수 있습니다. 특권 의식을 포기할 때, 삶의 진가를 알아보고 감사할 수 있습니다. 판단을, 특히 자기 판단을 그만둘 때, 자애심의 진심 어린 친절함을 경험할 수 있습니다. 그리고 원한을 포기할 때, 진정한 용서와 함께 일어나는 홀가분한 가슴을 경험할 수 있습니다.

무엇보다 행복에 대한 신화를 포기해야만 합니다. 행복의 신화는, 마치 우리가 태어날 때부터 가진 권리처럼 당연히 행복할 자격이 있고, 가지고 싶은 것을 얻으면 행복해지며, 불안한 상태에서는 행복할 수 없다는 환상입니다.

이런 환상에서 벗어나면 행복에 이르는 길은 매우 단순합니다. 용기와 호기심이 있으면 단순하고 반복되는 수행을 끈기 있게 계속할 수 있습니다. 즉 지금 이 순간 경험하는 바로 그것과 함께 현존하기로 되돌아오는 평범한 일을 몇 번이고 거듭하며 매일 노력해야 하는 것입니다. 그리고 진지하게 꾸준히 수행해야 하지만, 너무 심각할 필요는 없습니다. 유머는 자애심과 마찬가지로 항상 적절한 균형추 역할을 합니다. 유머와 자애심은 가차 없이 자기 자신이 부족하다고 판단하는 경향을 누그러뜨립니다.

참만족을 얻을 수 있다는 말조차 믿기 힘들 때가 있습니다. 그것은 행복의 신화를 뒤쫓고 동시에 불행을 악화시키는 일을 하는 등 일상적으로 행하는 것에 너무 익숙해졌기 때문입니다. 하지만 보다 진정으로 살아가는 다른 방식으로 행하는 데 익숙해질 수 있습니다. 현존을 개발하기 쉽다거나 가슴에서 우러난 자연스러운 관대함으로 살기를 배우는 게 쉬운 척하지는 않겠습니다.

하지만 정말 우리가 그것을 할 수 있다고 분명히 말할 수 있습니다. 놀라운 것은, 마침내 원하는 것을 얻으려 애쓰는 자기중심적 태도를 포기할 수 있을 때 평생을 짊어져 온 매우 무거운 짐을 놓아 버리게 되고, 우리가 경험하는 홀가분한 가슴이 강요된 게 아니라 자연스럽게 느껴진다는 것입니다. 바로 이것이 참만족의 정수입니다. 오직 이때 우리는 선불교의 고전적이고도 시대를 초월한 초대를 이해하고 그에 따라 살 수 있습니다.

"이 귀중한 인생을 음미하라!"

무심결에 하는 나쁜 생각과 습관에서 벗어나 행복으로 가는 방법

나는 힘든 감정을 피하지 않기로 했다

초판 1쇄 발행	2017년 1월 10일
지은이	에즈라 베이다
옮긴이	이창엽

펴낸이	오세룡
기획·편집	이연희 박혜진 박성화 손미숙 최은영 김수정 손수경
디자인	김경년(dalppa@naver.com)
	고혜정 김효선 최지혜
홍보·마케팅	문성빈
펴낸곳	담앤북스
	서울시 종로구 사직로8길 34(내수동) 경희궁의 아침 3단지 926호
	대표전화 02)765-1251 전송 02)764-1251 전자우편 damnbooks@hanmail.net
	출판등록 제300-2011-115호
ISBN	979-11-87362-66-1 (03320)

이 도서의 국립중앙도서관 출판예정도서목록(CIP)은 서지정보유통지원시스템
홈페이지(http://seoji.nl.go.kr)와 국가자료공동목록시스템(http://www.nl.go.kr/kolisnet)에서
이용하실 수 있습니다. (CIP제어번호 : CIP2016032581)

정가 15,000원